Jacques Gauthier

toi, l'amour

thérèse de Lisieux

ANNE SIGIER

ÉDITION

Éditions Anne Sigier
1073, bd René-Lévesque Ouest
Sillery (Québec)
G1S 4R5

ISBN 2-89129-286-3

DÉPÔT LÉGAL

Bibliothèque nationale du Québec
Bibliothèque nationale du Canada
1er trimestre 1997

Distribution en France et en Belgique par Anne Sigier – France
Distribution en Suisse par les Éditions Saint-Augustin

À mes beaux-parents,
Anne-Marie et Gilles Bernier,
qui aiment beaucoup Thérèse

« Ma vocation, c'est l'Amour »
Thérèse de l'Enfant-Jésus

Introduction

J'AI LONGTEMPS repoussé le projet d'écrire un livre sur toi, Thérèse, mais plus je chassais cette idée de mon esprit, plus elle revenait. Cette insistance me semblait venir de toi.

La vague idée de ce projet est maintenant devenue un désir brûlant qui me travaille le cœur. Je consens à ce désir qui veut naître sous forme de livre, que je veux écrire avec toi, en cette année du centenaire de ta naissance au Jour de Dieu. Qui peut te résister, lorsque Dieu lui-même succombe à ton amour !

Beaucoup de choses ont été dites et redites sur toi, des livres en abondance, écrits presque tous par des hommes, plus savants les uns que les autres, des films, des disques, des cassettes vidéo, des sites sur Internet. N'est-ce pas un peu prétentieux d'ajouter à cette surenchère ! Peut-être. Cependant, le style direct de ce livre et son langage du cœur sauront bien justifier notre pari.

Le style que j'emprunte ressemble au tien, celui du langage parlé, plus près des confidences et du témoignage que de l'étude et de l'analyse. Il est le fruit d'une rencontre progressive avec Jésus, le Fils du Père. Il en résulte une connaissance de Dieu qui donne de voir les choses et les êtres avec le regard confiant de l'enfant.

Je t'écris à la deuxième personne une sorte de longue lettre, un cri d'amour qui coule de source, enthousiaste comme toi, ma petite sœur solidaire de mes luttes. Le ton sera donc familier, intime. J'évite volontairement la mise en scène sociologique et psychologique pour mieux privilégier une approche du cœur.

Tu as toujours recherché le contact direct dans un langage qui favorise la relation, comme si tes mots étaient brûlés de l'intérieur par un visage qui ne laisse aucun repos. Quelle chance de pouvoir te lire en version originale, dans le génie de ma langue, d'y écouter des paroles dans lesquelles s'inscrit la trace du Dieu d'amour, d'y retrouver les signes de sa présence!

Et puis, pour ne rien te cacher, je me sens un peu de la famille, d'abord par mes ancêtres normands, venus défricher cette terre du Québec avec l'espérance têtue qui est la nôtre. Mais surtout, Thérèse, une même lumière nous éclaire, même si pour moi elle brille de nuit; une même source nous abreuve, moi dans le clair-obscur de la foi, toi dans la lumière de la claire vision; un même amour nous illumine, moi dans le temps, toi dans l'éternité.

Certes, il aurait été plus simple de me cacher avec toi dans le secret de la prière, de m'enfouir dans l'amour du Christ ressuscité, en laissant mes pauvres mots où ils sont, à la porte de mon âme! Mais ces mots aussi sont inspirés de l'Esprit Saint, puisqu'ils font partie de moi qui suis baptisé dans ce même Esprit. Ils peuvent parfois avoir le goût du Ciel lorsqu'ils viennent du silence et y retournent humblement.

Je pars donc de mon cœur, lieu de mon écriture et de mon expérience, pour mieux parler de ton cœur, lieu de ta pratique si personnelle de la sainteté. Je veux témoigner à ma façon de l'action de Dieu en toi, telle que tu l'exprimes dans tes manuscrits autobiographiques, ta correspondance, ta poésie.

J'ai la conviction que même si un siècle nous sépare, ton amour de Jésus peut combler nos attentes et répondre à la quête spirituelle d'aujourd'hui. À la suite de Jésus, tu es toujours sel de la terre et lumière du monde.

Ce livre, je le veux dépouillé, à ton image, sans notes[1] et sans bibliographie.

Chacun des courts chapitres s'ouvre sur une parole puisée à même tes écrits, surtout tes manuscrits autobiographiques. Ces chapitres sont autant de tableaux illustrant les grands moments de ton existence qui fut, je le crois, un mini-évangile.

Plusieurs de tes paroles me poussent à la conversion et m'accompagnent dans mon itinéraire spirituel de croyant, d'écrivain, d'époux, de père, de professeur. Elles me façonnent un visage d'éternité. J'aimerais bien qu'après avoir parcouru ce livre les lecteurs aient le goût de lire les écrits si profonds que tu nous as laissés.

Tu écris à partir de ce que tu vis. Pour ce faire, tu ne crains pas d'utiliser le « Je » qui te permet de confesser ta foi avec plus de liberté. Ton « Je » libre et désirant rencontre un « Tu », l'Amour, que tu témoignes jusqu'à devenir un en lui, Jésus, tout en restant toi-même.

Une brève prière, en écho à la tienne, conclura chaque chapitre. Elle prolongera la méditation tout en permettant d'intérioriser la parole marquante se référant à telle étape de ta vie.

---

1. Sauf celle-ci ! Toutes les citations de tes écrits sont tirées de tes *Œuvres complètes* parues chez Cerf et Desclée de Brouwer en 1992. Les lettres OC et le chiffre après chaque extrait renvoient à la page de ce livre.

Tu m'as précédé dans l'amour, l'amour nous précède toujours. Ma réponse à cet amour divin est bien pauvre comparée à la tienne. Aussi je me mets à ton école, à l'écoute de cette « petite voie » qui me parle d'abandon et de confiance, de miséricorde et de joie.

J'ouvre mon cœur à ta présence, Thérèse. Merci d'être là. Je te sens près de moi dans la communion des saints, toi qui passes ton Ciel à faire du bien sur la terre. Merci de m'accompagner tout au long de ce livre écrit pour la gloire de Dieu qui fait en toi et par toi des merveilles.

Prière

Thérèse,
révèle-moi encore le Dieu amour
qui ne demande qu'à me consumer totalement.
Qu'il m'aide à écrire ce livre,
lui, l'auteur de nos vies.
Que je me laisse inspirer
par ce Dieu Père, Fils et Esprit,
comme il le fit tout au long de ta vie donnée,
puisque « tout est grâce. »

♦

Je serai religieuse

MÈRE AGNÈS DE JÉSUS – ta sœur Pauline devenue prieure du carmel de Lisieux – te demande d'écrire l'histoire de ta vie, de relater tout ce qui te vient spontanément à l'esprit. Ce que tu fais en janvier 1895, à l'âge de vingt-deux ans, après sept années de vie religieuse, en précisant : «Ce n'est donc pas ma vie proprement dite que je vais écrire, ce sont mes pensées sur les grâces que le Bon Dieu a daigné m'accorder. Je me trouve à une époque de mon existence où je puis jeter un regard sur le passé» (OC, 73).

Tu jettes un regard sur ta vie à travers le miroir des grâces reçues. Ces grâces illuminent tes pensées. Tu te vois comme Dieu te voit, avec amour. Mais c'est Dieu que tu veux mettre de l'avant, pas toi : «Je viens chanter près de vous les miséricordes du Seigneur» (OC, 73).

Ta vie n'a pas d'importance si elle ne renvoie pas à Dieu qui l'éclaire. À travers ta vie, qui est «l'histoire de la petite fleur cueillie par Jésus» (OC, 73), c'est une sorte de biographie de Dieu que tu écris par les pensées que son action t'inspire.

Une de ces premières pensées que tu tiens à nous partager, c'est ce cri du cœur, alors que tu n'as que deux ans : «Souvent j'entendais dire que bien sûr Pauline serait religieuse ; alors sans trop savoir ce que c'était, je pensais : ‹Moi aussi je serai religieuse.› C'est là un de mes premiers souvenirs et depuis, jamais je n'ai changé de résolution !» (OC, 77).

Je te reconnais bien dans cette phrase, toi la femme de désir qui saura toujours où elle veut aller : «Je serai religieuse.» Ce cri porte une vision du futur qui oriente ton présent. Cette vision est un rêve devenu action qui s'impose à la réalité et donne un sens à ton avenir. Tu te vois déjà religieuse, donc sainte.

Au *Manuscrit C*, dédié à mère Marie de Gonzague, tu écris : «Vous le savez, ma Mère, j'ai toujours désiré d'être une sainte... Le Bon Dieu ne saurait inspirer des désirs irréalisables, je puis donc malgré ma petitesse aspirer à la sainteté» (OC, 237).

Il ne faut pas atténuer ces désirs de la petite enfance. Que de Mozart assassinés à cause de parents qui n'ont pas su déceler la flamme qui brillait dans les yeux de leurs enfants rêveurs ! Il est bon de demander aux petits enfants : «Que ferez-vous plus tard ?» Même si la réponse change au fil des années, cette question les aide à façonner leur avenir. Le rêve possède une telle puissance. Il est le pont qui nous relie à l'autre rive, surtout dans les moments difficiles.

Il n'y a rien de plus absolu que l'amour de Dieu pour l'être humain. Tu vis déjà cet amour absolu dès ton plus jeune âge en t'identifiant à Pauline, ta grande sœur de quatorze ans : «Vous étiez mon idéal, je voulais être semblable à vous et c'est votre exemple qui dès l'âge de deux ans m'entraîna vers l'Époux des vierges» (OC, 77). Déjà, tu réponds à un appel indéfini. Jésus te choisit pour lui. Tes souffrances ne feront que confirmer ce choix d'être une religieuse. Elles ne manqueront pas. Remontons à ta naissance.

Tu vois le jour à Alençon le 2 janvier 1873. Ta mère, Zélie Martin, en est à son neuvième enfant. Quatre sont déjà morts. Il reste cinq filles, et tu seras la plus jeune. Zélie s'attendait à un garçon, car, dans son sein, elle te sentait plus forte que ses enfants précédents. De fait, tu seras la plus grande des filles Martin avec 1,62 m ; Pauline, la plus petite, ne dépassera pas 1,54 m. Tes parents te donnent le nom de leur dernière petite fille morte en octobre 1870, Thérèse.

Tu arrives donc dans une famille marquée par les décès infantiles, mais tu veux vivre, même si tu souffres de problèmes intestinaux. Menacée d'entérite comme les autres, il te faut le lait maternel pour être sauvée. Ta mère ne peut pas te nourrir. Quelle épreuve cela devait être pour elle ! Tu seras mise en nourrice chez Rose Taillé, une brave paysanne qui a déjà nourri deux autres petits Martin décédés. Placée très tôt à la ferme des Taillé, à huit kilomètres d'Alençon, tu ne reviendras vraiment chez toi qu'à l'âge de quatorze mois.

Tu vivras chez Rose ces premiers mois si déterminants dans le développement de toute vie humaine. Brunie par le soleil et joufflue, tu es heureuse. L'odeur des foins coupés, le parfum des fleurs, le chant de l'eau, la majesté des arbres, le bruit des animaux de la ferme se gravent dans ta mémoire. Puis, c'est l'arrachement à cette vie saine et rustique, à cette nouvelle maman qui t'a nourrie de son lait.

Le déracinement est profond. La nostalgie des champs et des fleurs, surtout les roses et les lys, te suivra tout au long de ta vie. Tu resteras une campagnarde dans l'âme, portée jadis par une Rose qui t'a allaitée dans l'odeur des clairières bruissantes. Le vent de ce coin de Normandie soufflera toujours un peu dans ton cœur ; tu es de ses pluies et de ses champs, de ses aurores et de ses fleurs.

Le retour à la ville est pénible. Les femmes habillées à la mode et coiffées de beaux chapeaux te font peur. Tes cris perçants envahissent la maison. Où est Rose? Tout est si différent. Tu ne reverras plus ta chère nourrice qui avait pour malheur de ne pas être de la même «classe» que ta famille. Un autre univers familial s'offre désormais à tes sens.

Cette première enfance laissera des blessures. Un vide en toi se creuse dans lequel se logera le désir d'aimer et d'être aimé; et cela surtout après la mort de ta mère, alors que tu n'as que quatre ans, et, à neuf ans, lors du départ de ta troisième mère, Pauline, pour le carmel. Il te faudra vaincre une sensibilité maladive et un grand amour-propre pour devenir une sainte. Le combat sera terrible, quand tu dis «non», c'est «non». Si tu sais ce que tu ne veux pas, il y a une chose dont tu es sûre: «Je serai religieuse», et dès l'âge de quatre ans tu ajoutes: «... dans un cloître».

Le Christ t'a choisie. C'est tout, et c'est l'essentiel. Aucune science humaine ne peut expliquer ce mystère de la vocation. Toutes les données sociales s'effacent devant cet appel qui te séduit et auquel tu répondras de toutes tes forces, avec tes défauts et tes névroses.

L'appel du Christ te rendra de plus en plus étrangère sur la terre, tout en étant solidaire avec ceux qui souffrent. Exilée en lui, tu auras comme désir de lui faire plaisir en souffrant par amour, dans l'attente de le voir un jour face à face. Cette dénudation de toi-même pour atteindre le Christ te permettra de ne revêtir que lui seul.

Prière

Thérèse,
toi qui as vécu des arrachements
dès la petite enfance,
soutiens les enfants déplacés par les guerres,
les enfants aux rêves brisés,
les enfants des familles séparées,
inspire les adultes et les parents
à leur donner tout l'amour dont ils ont besoin
pour être heureux.

♦

J'étais loin
d'être une petite fille sans défauts

L A PHRASE : « J'étais loin d'être une petite fille sans défauts », tirée du *Manuscrit A*, est admirable de franchise, sans complaisance aucune, comme tout ce que tu écris, toujours par obéissance. « J'étais loin d'être une petite fille sans défauts » (OC, 80). Déjà la pieuse image de la petite sainte aux roses en prend un coup. Ce qui ne me déplaît pas, sinon tu ne serais pas humaine, avec tout ce que cela comporte de défis et de limites, de blessures et de paradoxes.

Ta mère écrit à Pauline un court portrait de tes trois ans :

Elle est d'une intelligence supérieure à Céline, mais bien moins douce et surtout d'un entêtement presque invincible ; quand elle dit « non » rien ne peut la faire céder ; on la mettrait une journée dans la cave qu'elle y coucherait plutôt que dire « oui »... Elle a cependant un cœur d'or, elle est bien caressante et bien franche (OC, 79).

Il n'y a pas d'enfants parfaits, pas plus qu'il n'y a de parents parfaits. Chacun a son caractère. Le tien est volontaire et fier, expansif et imaginatif. À dix-huit mois, tu cries sur la balançoire lorsque celle-ci ne va pas assez fort. Vers deux ans, tu te fends le front sur un pied de table ; tu fugues pour courir à l'église Notre-Dame, tu pleures lorsque la bonne te rattrape ; tu appelles ta mère à chaque marche de l'escalier, si elle ne répond pas, tu n'avances pas.

Le 28 mai 1876, Zélie écrit de nouveau à Pauline : « C'est une enfant qui s'émotionne bien facilement. Dès qu'elle a fait un petit malheur, il faut que tout le monde le sache..., mais elle a dans sa petite idée qu'on va lui pardonner plus facilement si elle s'accuse » (OC, 77).

Bien que de nature riante, tu pleures et cries souvent :

> Je suis obligée de corriger ce pauvre bébé qui se met dans des furies épouvantables quand les choses ne vont pas à son idée, elle se roule par terre comme une désespérée croyant que tout est perdu, il y a des moments où c'est plus fort qu'elle, elle en est suffoquée. C'est une enfant bien nerveuse, elle est cependant bien mignonne et très intelligente, elle se rappelle tout (OC, 80).

Voici quelques exemples de ta sensibilité excessive et de ton amour-propre. Tu fonds en larmes après la perte d'une petite bague en sucre pour Céline. Tu en avais deux, mais ce n'est pas la tienne que tu perds, bien que les deux soient identiques. Tu es très agitée la nuit, il faut t'attacher. Tu as des bosses au front à force de te frapper contre le bois de ton lit, t'écriant : « Maman, je suis toquée » (OC, 81). Tu refuses de baiser le sol pour avoir un sou : « Ma fierté se révolta à la pensée de baiser la terre » (OC, 81). Un brin coquette avec ta jolie robe bleu ciel, tu es déçue de ne pas montrer tes bras nus, par crainte du soleil : « Je pensais que j'aurais été bien plus gentille avec mes petits bras nus » (OC, 81). Cependant, l'amour du bien est le plus fort : « Il suffisait qu'on me dise qu'une chose n'était pas bien, pour que je n'aie pas envie de me le faire répéter deux fois » (OC, 82).

Tout cela me montre que Dieu ne se laisse pas décourager par nos défauts. Ils sont la matière avec laquelle il peut faire couler l'eau vive de sa miséricorde. Elle n'a pas fini de couler, l'eau de sa miséricorde, car elle puise à même nos misères. La progression vers le bien est la victoire de sa miséricorde pour nous. Tout est de lui.

Ton enfance, Thérèse, illustre à merveille ceci : la grâce divine ne détruit pas la nature mais la transforme progressivement. Devant une nature comme la tienne, tu notes l'importance d'avoir été élevée par des parents vertueux, sinon «je serais devenue bien méchante et peut-être me serais perdue» (OC, 81).

Pour faire plaisir à Jésus, tu suis les bons exemples que tu trouves en abondance dans ta famille. Tes défauts, tu commences à les donner à Jésus en ne regardant que lui seul. Plus tard, tu écriras à Céline : «Comme c'est facile de plaire à Jésus, de ravir son cœur, il n'y a qu'à l'aimer sans se regarder soi-même, sans trop examiner ses défauts» (OC, 464).

Dans le tumulte d'un monde de distractions, bien des choses ont changé en un siècle. Il me vient à l'esprit ce cri d'un enfant : «Comme j'aimerais être un téléviseur, mes parents me regarderaient et m'écouteraient plus souvent»! Les enfants d'aujourd'hui n'ont souvent comme exemples que la violence à la télévision, la solitude des jeux électroniques, l'effondrement d'un monde individualiste. Ils sont les innocentes victimes d'une société de consommation où l'avoir l'emporte sur l'être. Que de gens se consument en consommant! Qui pansera les blessures de ces enfants à qui on vole l'enfance?

Un mot sur ta première photo, qui semble ratée, mais qui est caractéristique de ta petite enfance. Le photographe, en ce jour de juillet 1876, te prépare gentiment pour la photo. Je crois qu'il essaie même de te faire rire, mais rien n'y fait. Tu fais la moue, car tu es trop impressionnée par le grand voile noir sous lequel il se cache. On ne voit que cela sur la photo : une lippe et un front volontaire entouré de boucles blondes, comme une forteresse inattaquable.

Prière

Thérèse,
toi qui avais des défauts,
aide-moi à reconnaître les miens,
à accepter ceux des autres,
à mettre plus d'amour dans la société.
Apprends-moi à aimer mes défauts,
pour mieux les donner à Jésus ;
qu'il les transforme dans le feu de son Esprit,
pour une offrande spirituelle à notre Père.

◆

Je choisis tout

À TROIS ANS, quatre grandes sœurs te comblent d'affection, et ton père, ce «roi chéri», comme tu l'appelles, est une constante source d'amour pour toi. Tu pressens, lorsque tu es dans les bras de ta mère, que Dieu ne peut pas te refuser le Ciel. Ta relation avec ta mère est aussi indissoluble que celle avec Dieu. Dans tes excès d'amour, tu vas jusqu'à souhaiter la mort de tes parents pour qu'ils aillent au paradis.

Un jour, alors que tu joues avec Céline, ta compagne de jeu préférée, Léonie vous demande à toutes les deux de choisir des robes et une poupée dans une corbeille. Tu laisses d'abord Céline prendre un petit paquet de ganses, puis, après une brève hésitation, tu avances la main en disant, sans cérémonie : «Je choisis tout» (OC, 84).

Choisir! Voilà un verbe essentiel de ton vocabulaire, quatre-vingt-quinze emplois dans tes écrits (OC, 1248). Tu donnes le sens de ce geste d'enfant en l'appliquant au choix des sacrifices que le Seigneur demande. Tu choisis tout en ne possédant rien et en renonçant à ta volonté.

Ce petit trait de mon enfance est le résumé de toute ma vie, plus tard lorsque la perfection m'est apparue, j'ai compris que pour devenir une sainte il fallait beaucoup souffrir, rechercher toujours le plus parfait et s'oublier soi-même, j'ai compris qu'il y avait bien des degrés dans la perfection et que chaque âme était libre de répondre aux avances de Notre Seigneur, de faire peu ou beaucoup pour Lui, en un mot de choisir entre les sacrifices qu'il demande. Alors comme aux jours de ma petite enfance je me suis écriée : «Mon Dieu, je

1873 1 ans

choisis tout. Je ne veux pas être une sainte à moitié, cela ne me fait pas peur de souffrir pour vous, je ne crains qu'une chose c'est de garder ma volonté, prenez-la, car ‹Je choisis tout› ce que vous voulez!» (OC, 84-85).

Ton tempérament de feu te porte à l'absolu, aussi es-tu tout entière dans cette phrase: «Je choisis tout.» Plus tard, tu renchéris dans ton poème *Mon Ciel à moi,* écrit au carmel le 7 juin 1896 : → *23 ans*

> *Je puis tout obtenir lorsque dans le mystère*
> *Je parle cœur à cœur avec mon Divin Roi»* (OC, 714-715).

Les influences religieuses, les conditionnements psychologiques et les déterminismes sociologiques sont bien pauvres pour éclairer les obscurs chemins de la grâce divine, cet amour de Jésus qui déjà te transfigure. Tu choisis tout, car tu es choisie par le Tout dès ta plus tendre enfance.

Cette alliance d'amour est bien exprimée dans tes poèmes, qui recèlent des trésors cachés. Mais pour les découvrir, il faut dépasser l'apparente naïveté de la forme et faire son deuil de la dimension esthétique. N'est pas Jean de la Croix qui veut! Ton génie, Thérèse, est dans la «petite voie» de la sainteté pour tous. Ta poésie est au service de cette voie d'amour, elle est l'expression de ton expérience profonde. C'est dans tes poèmes que tu chantes le plus librement ton amour de Jésus et ton choix de tout lui donner. Tu en es l'amoureuse passionnée, à tel point que tu le tutoies, ce que tu n'oses pas faire dans tes autres écrits. La forme poétique libère en toi une familiarité avec Jésus qui devient prière d'action de grâces.

Voici les deux premières strophes du poème *Un lys au milieu des épines,* écrit en mai 1897 à l'âge de vingt-quatre ans, soit

esthétique : science du beau dans la nature et de l'art : conception du beau

mort en sept 1897

quatre mois avant ta mort. C'est un chant à Jésus, l'Amour consumant et transformant qui t'a choisie bien avant que tu ne le
choisisses.

> *Seigneur, tu m'as choisie dès ma plus tendre enfance*
> *Et je puis m'appeler l'œuvre de ton amour...*
> *Je voudrais, ô mon Dieu! dans ma reconnaissance*
> *Oh! je voudrais pouvoir te payer de retour!...*
> *Jésus mon Bien-Aimé, quel est ce privilège*
> *Pauvre petit <u>néant</u>, qu'avais-je fait pour toi?*
> *Et je me vois placée dans le royal cortège*
> *Des vierges de ta cour, aimable et Divin Roi!*
>
> *Hélas je ne suis rien que la faiblesse même*
> *Tu le sais, ô mon Dieu! je n'ai pas de <u>vertus</u>...*
> *Mais tu le sais aussi, le seul ami que j'aime*
> *Celui qui m'a charmée, c'est toi, mon Doux Jésus!...*
> *Lorsqu'en mon jeune cœur s'alluma cette flamme*
> *Qui se nomme l'amour, tu vins la réclamer...*
> *Et toi seul, ô Jésus! pus contenter une âme*
> *Qui jusqu'à l'infini avait besoin d'aimer* (OC, 748-749).

→ force avec laquelle l'homme tend au bien : force morale

Les « spécialistes » se perdent en conjectures devant ce
« besoin d'aimer » qui sera le pivot de ta fulgurante ascension
vers la sainteté, opérant ainsi une véritable transfusion de sang
à la spiritualité comptable de ton époque. Ta courte vie est tra-
versée de bout en bout par ce « Je choisis tout » de l'amour de
Dieu. Cet amour te fait passer des croyances de ton temps à une
maturation de ta foi. Vingt-quatre ans te suffisent pour révolu-
tionner de fond en comble l'aventure spirituelle en prenant une
« petite voie », comme tu l'appelles, plus directe et plus
évangélique, celle de la gratuité de l'amour miséricordieux.
Cent ans n'ont pas éclipsé une telle victoire!

Certes, nous sommes tous saints en raison de notre baptême. Mais il faut avouer qu'il y en a qui le sont plus que d'autres. Comme tu l'écrivais précédemment, il s'agit de toujours rechercher le plus parfait et de s'oublier soi-même, car chacun est «libre de répondre aux avances de Notre Seigneur, de faire peu ou beaucoup pour Lui, en un mot de choisir entre les sacrifices qu'il demande» (OC, 84). Nous zigzaguons entre le bien et le mal, mais toi tu prends un raccourci en choisissant tout. La sainteté devient pour toi l'ultime aventure à vivre, l'aventure de l'amour.

Cela n'a pas été facile pour toi de progresser sur la montagne du carmel. Il a fallu aplanir les sentiers tortueux de ta sensibilité et de ton amour-propre. Trois mois avant de mourir, tu constatais ceci: «Quels contrastes il y a dans mon caractère» (OC, 1020)! Faut-il s'en étonner? Oui, comme toute personne, tu n'es pas facile à saisir. Quel paradoxe que l'être humain! Ce n'est pas parce que tu es une sainte que tu n'as pas tes contradictions, sinon tu n'intéresserais personne et les gens ne s'identifieraient pas à toi.

Toute vérité sur nous-mêmes est éphémère. Admettre cela, c'est respecter le poids de notre solitude et la précarité de nos choix. C'est surtout reconnaître l'un de nos plus grands privilèges, qui fait notre grandeur: la difficile liberté de choisir. Cette liberté, Dieu la respecte par-dessus tout, parce qu'il nous fait confiance et qu'il nous aime. Toi, Thérèse, tu ne prends pas de risques, devant un tel amour, tu choisis tout, soit Dieu lui-même.

Ce choix te conduit à une nouvelle étape de ta vie qui fut, somme toute, assez agréable jusqu'à présent. Désormais, une nouvelle période commence pour ton âme: «Je devais passer par le creuset de l'épreuve et souffrir dès mon enfance afin de pouvoir être plus tôt offerte à Jésus » (OC, 87).

Prière

Thérèse,
toi qui choisis tout ce que Dieu veut,
guide-nous dans nos choix de vie,
éloigne de nous ce qui conduit à la mort.
Nous sommes si faibles et sans vertus,
notre liberté est si souvent enchaînée,
mais regarde notre besoin d'aimer,
demande à Jésus de le combler,
pour sa joie et la nôtre,
alors nous serons vraiment libres
de la liberté des enfants de Dieu.

♦

Je pris la résolution
de ne jamais éloigner mon âme
du regard de Jésus

(4 ans)

TA MÈRE MEURT d'un cancer du sein le 28 août 1877. Te tournant spontanément vers Pauline, tu l'as choisie pour être ta nouvelle maman. Cela clôt la première période de ta vie, celle de l'enfance à Alençon.

La famille Martin déménage à Lisieux, aux Buissonnets, inaugurant ainsi la seconde période de ton existence. La dernière période sera celle du carmel, de 1886 à 1895, soit la date de rédaction du *Manuscrit A*. La deuxième période demeure «la plus douloureuse des trois, surtout depuis l'entrée au Carmel de celle que j'avais choisie pour ma seconde ‹Maman›. Cette période s'étend depuis l'âge de quatre ans et demi jusqu'à celui de ma quatorzième année, époque où je retrouvai mon caractère d'enfant tout en entrant dans le sérieux de la vie» (OC, 89).

Ce caractère d'enfant que tu retrouves à quatorze ans, tu le perds lors du décès de ta mère, la peine étant trop lourde. Ce deuil te fera désirer davantage le paradis, ta vraie patrie.

À partir de la mort de Maman, mon heureux caractère changea complètement, moi si vive, si expansive, je devins timide et douce, sensible à l'excès. Un regard suffisait pour me faire fondre en larmes, il fallait que personne ne s'occupe de moi pour que je sois contente, je ne pouvais pas souffrir la compagnie de personnes étrangères et ne retrouvais ma gaieté que dans l'intimité de la famille (OC, 89).

Ton père, qui a maintenant cinquante-cinq ans, se trouve à la retraite. Sa tendresse va vers toi. Il est le roi, toi sa reine, il est le patriarche, toi son hanneton blond, son petit loup gris. Ce sont les longues promenades de l'après-midi avec lui, parfois les parties de pêche où, t'assoyant seule sur l'herbe, tu plonges dans une profonde oraison : «La terre me semblait un lieu d'exil et je rêvais le Ciel» (OC, 91).

Un soir, tu remarques avec joie un groupe d'étoiles formant un «T»: «Je le faisais voir à Papa en lui disant que mon nom était écrit dans le Ciel» (OC, 97). Depuis que j'ai lu ce passage pour la première fois, il y a déjà une vingtaine d'années, je n'ai jamais pu regarder le ciel étoilé sans y chercher ton «T», et, l'ayant trouvé, sans penser à toi avec joie !

La tendre relation avec ton père te mène à la même confiance avec le Dieu-Père, pierre d'assise de ta «petite voie». Cette image de l'amour total du Dieu-Père te vient de l'affection profonde que ton père te porte. Tu sais qu'il ne t'abandonnera jamais, alors que Pauline partira pour le carmel. Tu lui confies tes pensées, tu lui lis des poésies écrites par Pauline, tu apprends à prier en le regardant à l'église, tu veux mourir avec lui. «Je ne puis dire ce que j'aimais Papa, tout en lui me causait de l'admiration» (OC, 102).

Complexe d'Œdipe assumé ou non, qu'importe, tu as un père que tu admires, c'est beaucoup, d'autres n'ont pas cette chance. Il y a tant de jeunes aujourd'hui à la recherche de pères, de modèles, de témoins, dans une société où trop d'adultes jouent aux adolescents. Des copains, les jeunes en ont, mais peu de pères qui savent les écouter et les guider.

Alors que tu as cinq ans et huit mois, ton père t'emmène à Trouville. La mer s'offre à ton regard pour la première fois : «Je ne pouvais m'empêcher de la regarder sans cesse, sa majesté, le mugissement de ses flots, tout parlait à mon âme de la Grandeur et de la Puissance du Bon Dieu» (OC, 102-103).

Un couple sur la plage te trouve gentille : «C'était la pre-mière fois que j'entendais dire que j'étais gentille, cela me fit bien plaisir» (OC, 103). Tes sœurs, surtout Pauline, ont toujours voulu que tu sois parfaite ; par peur de vanité, elles ne te com-plimentaient pas : «Jamais vous ne m'aviez adressé un seul com-pliment» (OC, 103).

Jésus te connaît mieux que quiconque. Alors que tu con-temples un voilier auréolé par les feux du soleil couchant, tu veux rester dans ce sillon d'or, c'est-à-dire te laisser illuminer par le visage de Jésus : «Près de Pauline, je pris la résolution de ne jamais éloigner mon âme du regard de Jésus» (OC, 103).

Ce regard de Jésus, tu le sens spécialement à trois occasions en ces années 1879-1880. D'abord, lors de ta première confession. «En sortant du confessionnal, j'étais si contente et si légère que jamais je n'avais senti autant de joie dans mon âme» (OC, 95). Ensuite, la première communion de Céline : «Je crois que j'ai reçu de grandes grâces ce jour-là et je le considère comme un des plus beaux de ma vie» (OC, 108). Puis, cette vision prophétique où tu vois ton père traverser péniblement le jardin, la face voilée.

Cette vision se réalisera quatorze ans plus tard, alors qu'il sera uni à la Passion du Christ, sa face voilée préfigurant la Sainte-Face de Jésus. «Comme la Face Adorable de Jésus qui fut voilée pendant sa Passion, ainsi la face de son fidèle serviteur devait être voilée aux jours de ses douleurs» (OC, 101). Ce regard souffrant de Jésus à travers la face voilée de ton père sera ajouté à ton nom la veille de ta profession. Tu seras officiellement Thérèse de l'Enfant-Jésus et de la Sainte-Face.

La famille aux Buissonnets est comme une petite église domestique où se manifeste la présence de Dieu, un refuge où tu te sens en sécurité contre le monde, où tu ne t'éloignes pas du regard de Jésus. Ton foyer est un signe de la famille trinitaire où tout converge vers le Christ. «Ma vie s'écoulait tranquille et heureuse, l'affection dont j'étais entourée aux Buissonnets me faisait pour ainsi dire grandir, mais j'étais sans doute assez grande pour commencer à lutter, pour commencer à connaître le monde et les misères dont il est rempli» (OC, 103).

À huit ans et six mois, tu entres comme demi-pensionnaire à l'abbaye des bénédictines, y retrouvant tes cousines Guérin et ta sœur Céline. Vous faites ensemble le trajet à pied de 1,5 km tous les jours. Habituée à la solitude des Buissonnets et choyée par tous, tu ne t'intègres pas au groupe. Jalousée par les autres à cause de tes succès scolaires, tu avoueras plus tard : «Les cinq années que j'y passai furent les plus tristes de ma vie» (OC, 103).

Les jeux de société des enfants de ton âge te lassent. Tu préfères raconter des histoires et surtout lire : «J'aimais beaucoup la lecture et j'y aurais passé ma vie... Dire le nombre de livres qui m'ont passé dans les mains ne me serait pas possible» (OC, 119). À la lecture de certains récits chevaleresques, «le Bon Dieu me faisait sentir que la vraie gloire est celle qui durera éternellement» (OC, 119). Puis, la lecture de la vie de Jeanne d'Arc te remplit d'ardeur : «Je pensai que j'étais née pour la gloire... [Dieu] me fit comprendre aussi que ma gloire à moi ne paraîtrait pas aux yeux mortels, qu'elle consisterait à devenir une grande Sainte... Je ne pensais pas alors qu'il fallait beaucoup souffrir pour arriver à la sainteté» (OC, 119-120).

Prière

Thérèse,
toi dont le nom est écrit dans le ciel,
tu as marché sous le regard de Jésus,
donne-nous de ne vouloir que sa présence,
dans les joies comme dans les peines ;
qu'il comble surtout les jeunes d'aujourd'hui,
en quête d'amour, de sécurité et de confiance,
qu'il nous conduise tous vers la maison de notre Père.

◆

La Sainte Vierge me parut belle, si belle que jamais je n'avais vu rien de si beau

UNE HANTISE t'a toujours habitée : être séparée de ceux que tu aimes. Tu lutteras toute ta vie contre cette peur. Quelques mois avant ta mort, tu écris à mère Marie de Gonzague dans le *Manuscrit C* : « Ce n'est point pour vivre avec mes sœurs que je suis venue au Carmel, c'est uniquement pour répondre à l'appel de Jésus ; ah ! je pressentais bien que ce devait être un sujet de souffrance continuelle de vivre avec ses sœurs, lorsqu'on ne veut rien accorder à la nature » (OC, 245). Quel héroïsme cela te demande d'accepter leur exil si elles partaient en mission au carmel de Saïgon ; tu préférerais partir à leur place : « J'ai accepté non seulement de m'exiler au milieu d'un peuple inconnu, mais ce qui m'était bien plus amer, j'ai accepté l'exil pour mes sœurs » (OC, 246).

Abandonnée par ta nourrice et ta mère, voilà maintenant que Pauline te laisse pour le carmel à l'automne 1882. Tu te sens trahie. Ton désarroi est grand, car tu pensais qu'elle t'attendrait. « Je versai des larmes bien amères, car je ne comprenais pas encore la joie du sacrifice, j'étais faible, si faible que je regarde comme une grande grâce d'avoir pu supporter une épreuve qui semblait être bien au-dessus de mes forces » (OC, 109). La vie te forme à son école : « Je vis qu'elle n'était qu'une souffrance et qu'une séparation continuelle » (OC, 109).

Les semaines qui suivent sont crucifiantes pour toi. La famille visite Pauline tous les jeudis, mais tu ne peux lui parler que deux minutes. Tu ne comprends pas que Pauline parle plus aux autres qu'à toi : « Je disais au fond de mon cœur : ‹ Pauline est perdue pour moi ! › Il est surprenant de voir combien mon esprit se développa au sein de la souffrance, il se développa à tel point que je ne tardai pas à tomber malade » (OC, 111).

Cette maladie étrange, qui commence à Pâques 1883 et se termine à la Pentecôte, terrifie la famille. Les symptômes s'apparentent à la folie : maux de tête continuels, délires, hallucinations, frayeurs, tremblements nerveux, évanouissements. L'immense chagrin ébranle tout ton être. Selon le docteur Gayral, tu souffrais d'une névrose : « Vivant dans l'impression d'être délaissée par sa seconde maman, elle est tombée dans une conduite de régression infantile pour se faire dorloter comme un bébé » (OC, 1252-1253).

Tu donnes une autre interprétation, douze ans plus tard : « La maladie dont je fus atteinte venait certainement du démon, furieux de votre entrée au Carmel il voulut se venger sur moi du tort que notre famille devait lui faire dans l'avenir » (OC, 111)... « Je crois que le démon avait reçu un pouvoir extérieur sur moi mais qu'il ne pouvait approcher de mon âme ni de mon esprit, si ce n'est pour m'inspirer des frayeurs très grandes de certaines choses » (OC, 114).

Qui pourrait te délivrer d'une telle maladie ? On demande ta guérison avec insistance. Ton père fait dire des messes à Notre-Dame-des-Victoires de Paris. Il pressent que seule la Vierge peut te guérir. Il fallait un miracle. Alors que tu cries « Mama » à Léonie, et que tu souffres beaucoup, alors que tes sœurs prient auprès de ton lit, alors que, ne trouvant aucun secours sur la terre, tu te tournes vers la statue de Marie, l'implorant d'avoir pitié de toi, elle te sourit, cette mère du Ciel qui n'abandonne pas ses enfants, elle comble le vide de ton âme par un sourire maternel : «Tout à coup la Sainte Vierge me parut belle, si belle que jamais je n'avais vu rien de si beau, son visage respirait une bonté et une tendresse ineffable, mais ce qui me pénétra jusqu'au fond de l'âme ce fut le ravissant sourire de la Ste Vierge» (OC, 116-117). Après cette extase de quelques minutes, il n'y a plus aucune trace de mal. Dès le lendemain, tu reprends ta vie ordinaire.

Je crois à ce miracle que tu nous relates si simplement douze ans plus tard, au moment où tu vis la nuit purificatrice de la foi au carmel de Lisieux, nuit si chère à Jean de la Croix. Tu as eu le temps de réfléchir à ce miracle, alors que tu avais dix ans ; pour toi, seule la vérité compte, et c'est ainsi que tu nous partages cette expérience de foi qui appartient au mystère de ta maturation humaine et spirituelle.

Dans une lettre à Céline le 19 octobre 1892, tu exprimes audacieusement ton amour à Marie en lui faisant cette remarque : «Mais ma bonne Ste Vierge, je trouve que je suis plus heureuse que vous, car je vous ai pour Mère, et vous, vous n'avez pas de Ste Vierge à aimer» (OC, 452). À tes yeux, Marie sera toujours plus mère que reine.

J'en aurais long à te raconter moi aussi sur la puissance de la prière à Marie ! Je lui dois la santé, à la suite du vœu de ma mère de me faire baptiser le 8 décembre 1951. Je lui dois aussi ma seconde naissance après trois *Ave Maria,* le 2 juin 1972, jour béni de ma joyeuse conversion à Drummondville. Mon épouse et moi lui devons la naissance de notre troisième enfant, et, quelques mois plus tard, sa guérison à la suite d'une prière d'abandon au sanctuaire de Notre-Dame-du-Cap. Et il y a tant d'autres signes. Si les gens connaissaient vraiment la puissance de l'amour guérisseur de Marie, les blessures physiques et psychiques seraient mieux vécues comme des lieux de croissance, des moments de maturation dans la foi.

Ce miracle du sourire de la Vierge est gravé dans ton cœur, mais tu refuses d'en parler, « car alors mon bonheur disparaîtrait » (OC, 117). Ta sœur Marie insiste tellement que tu lui racontes tout. Elle révèle au carmel la nature de ta guérison, d'où les curiosités et les humiliations. La joie de la guérison va se changer en angoisse : « Hélas ! comme je l'avais senti, mon bonheur allait disparaître et se changer en amertume ; pendant quatre ans le souvenir de la grâce ineffable que j'avais reçue fut pour moi une vraie peine d'âme » (OC, 117).

La crainte d'avoir simulé la maladie, d'avoir tout inventé, s'empare de toi. Cela présage la terrible maladie des scrupules, commencée en 1875, pendant ta retraite de seconde communion : « Il faut avoir passé par ce martyre pour le bien comprendre, dire ce que j'ai souffert pendant un an et demi me serait impossible » (OC, 132).

En novembre 1887, alors que tu passeras à Paris pour ton voyage à Rome, la Vierge confirmera ta guérison à l'église Notre-Dame-des-Victoires : « La Sainte Vierge m'a fait sentir que c'était vraiment elle qui m'avait souri et m'avait guérie. J'ai compris qu'elle veillait sur moi, que j'étais son enfant, aussi je ne pouvais plus lui donner que le nom de ‹ Maman › car il me semblait encore plus tendre que celui de Mère » (OC, 164).

Ta première communion est un moment important dans ta vie. Tu t'y prépares en faisant chaque jour des dizaines d'actes de vertu, des sacrifices, ce que tu appelleras « jeter des fleurs » à Jésus, dans un poème :

Jeter des fleurs, c'est t'offrir en prémices
Les plus légers soupirs, les plus grandes douleurs.
Mes peines et mes joies, mes petits sacrifices
Voilà mes fleurs » (OC, 717).

Puis vint la journée tant attendue, le 8 mai 1884 : « Ce fut un baiser d'amour, je me sentais aimée, et je disais aussi : ‹ Je vous aime, je me donne à vous pour toujours › » (OC, 125). Quelle belle définition de l'oraison chrétienne : se sentir aimé de Jésus. Tu demandes à Jésus de t'enlever ta liberté, puisque tu ne fais plus qu'un avec lui. « En ce jour, la joie seule remplissait mon cœur » (OC, 125). Au nom de tes compagnes, tu prononces l'acte de consécration à la Sainte Vierge. En fin d'après-midi, toute la famille se rend au carmel pour rencontrer Pauline, désormais sœur Agnès, qui le matin même faisait profession.

Un mois plus tard, tu reçois la permission de communier une deuxième fois. Jésus seul désormais peut te contenter. Tu fais oraison sans le savoir, en lui parlant, en pensant à lui avec amour : « Je sentais qu'il valait mieux parler à Dieu que de parler de Dieu, car il se mêle tant d'amour-propre dans les conversations spirituelles » (OC, 135).

Ton désir de communier devient toujours plus grand, et avec ce désir l'amour de la Croix de Jésus : « Je sentis naître en mon cœur un grand désir de la souffrance et en même temps l'intime assurance que Jésus me réservait un grand nombre de croix… Jusqu'alors j'avais souffert sans aimer la souffrance, depuis ce jour je sentis pour elle un véritable amour » (OC, 127). Le mystère de la souffrance est assumé par la joie du don. L'Esprit Saint, que tu reçois à ta confirmation, le 14 juin 1884, te donnera la force de souffrir par amour.

Étant donné ton intérêt pour le catéchisme, l'abbé Domin, aumônier de l'abbaye, te surnomme « son petit docteur » (OC, 129). Quand seras-tu reconnue officiellement petit docteur de l'Église, entre Thérèse d'Avila et Catherine de Sienne ?

Cet été 1884 marque l'arrivée d'un animal que tu avais demandé à ton père. Tu écris dans ton petit carnet beige : « Tom est arrivé chez nous » (OC, 1203). Ce bel épagneul blanc ne te quittera pas, il sera le gardien des Buissonnets et le fidèle compagnon de tes promenades.

Je tenais à terminer ce chapitre de ta vie par cette image joyeuse du fidèle Tom qui t'accompagne et qui me rappelle cette phrase du livre de Tobie : « L'enfant partit avec l'ange, et le chien suivit derrière » (Tb 6,1).

Prière

Thérèse,
toi qui as retrouvé la santé et le repos
dans le sourire maternel de Marie,
nous la remercions avec toi,
pour tant de tendresse et de compassion.
Elle est pour nous la mère tant désirée
qui comble ses enfants angoissés.
Tressaillons de joie en sa présence,
elle nous attire à Jésus ressuscité,
maintenant et à l'heure de notre mort.

◆

Je reçus la grâce de sortir de l'enfance, en un mot la grâce de ma complète conversion

À L'ÂGE DE TREIZE ANS, une crise de scrupules paralyse ton amour pour Jésus. Comme si cela n'était pas suffisant, deux autres de tes sœurs t'abandonnent. Léonie entre précipitamment chez les Clarisses en octobre 1886, mais elle reviendra deux mois plus tard aux Buissonnets. Puis c'est le tour de Marie, ta confidente, celle sur qui tu t'appuyais en lui confiant tes scrupules. Elle entre au carmel de Lisieux le 15 octobre, fête de sainte Thérèse d'Avila. Elle y restera jusqu'à sa mort, le 19 janvier 1940.

Installée dans la chambre de Pauline, tu l'aménages d'objets les plus divers, comme s'ils pouvaient t'apporter la plénitude intérieure : « C'était un vrai bazar, un assemblage de piété et de curiosités, un jardin et une volière » (OC, 137). Mais en apprenant le départ de Marie, ta chambre perd ses charmes : « Je ne voulais pas quitter un seul instant la sœur chérie qui devait s'envoler bientôt » (OC, 138).

De plus en plus seule au monde, tu agis parfois comme une enfant de cinq ans qui est trop couvée et gâtée, jamais assez complimentée. « Céline voulait continuer à me traiter comme un bébé puisque j'étais la plus petite de la famille » (OC, 142). Jésus te comble du mieux qu'il peut, mais les blessures de ton psychisme sont profondes. Comme une enfant perdue, « étant encore dans les langes de l'enfance » (OC, 141), tu te confies aux quatre petits anges qui t'ont précédée, tes petits frères et sœurs morts en bas âge : « La réponse ne se fit pas attendre, bientôt la paix vint inonder mon âme de ses flots délicieux et je compris que si j'étais aimée sur la terre, je l'étais aussi dans le Ciel » (OC, 140).

À l'aube de tes quatorze ans, tu es toujours prisonnière d'une trop grande sensibilité, pleurant à propos de tout et de rien : « Je pleurais d'avoir pleuré » (OC, 141). Comment toi, si faible et si émotive, peux-tu prétendre devenir carmélite ?

Désemparée et prise de vertige devant les profondeurs de ta détresse, tu dois bien comprendre le désespoir de tant d'adolescents d'aujourd'hui, dont la seule porte de sortie est souvent le suicide ! N'y a-t-il pas en chacun de nous un enfant blessé qui sommeille et que l'adulte veut trop souvent cacher !

Tu es l'une des nôtres, Thérèse, descendant dans ces abîmes de la condition humaine où la psychanalyse ose parfois s'aventurer ; mais pour toi, « il fallut que le Bon Dieu fasse un petit miracle pour [te] faire grandir en un moment » (OC, 141). Et ce miracle arriva un jour de Noël, comme il s'en produit souvent en ce jour de grâce du Dieu fait homme : « Ce fut le 25 décembre 1886 que je reçus la grâce de sortir de l'enfance, en un mot la grâce de ma complète conversion » (OC, 141). Le terme est fort, mais, en ce Noël 1886, Dieu ne chôma pas. Paul Claudel se convertit durant l'office des Vêpres à Notre-Dame-de-Paris, découvrant ainsi l'éternelle enfance de Dieu, et Charles de Foucauld passa son premier Noël chrétien.

« En un instant l'ouvrage que je n'avais pu faire en dix ans, Jésus le fit se contentant de ma bonne volonté qui jamais ne me fit défaut » (OC, 142). Jésus ne demande que notre disponibilité, l'ouverture du cœur, une bonne volonté, et il s'occupe du reste, comme il le fit pour ses apôtres en remplissant leur barque de poissons, alors qu'ils avaient pêché toute la nuit sans rien prendre (Lc 5,4-10).

Mais qu'a-t-il fait en cette nuit de Noël pour que tu écrives ceci au père Roulland, dix ans plus tard : «Il me transforma de telle sorte que je ne me reconnaissais plus moi-même. Sans ce changement j'aurais dû rester encore bien des années dans le monde» (OC, 559). Ce ne fut pas une apparition, ni quelque chose d'extraordinaire comme un coup de tonnerre, mais une simple touche d'amour, le murmure d'une brise légère, dirait Élie (1 R 19,12), une intervention inattendue à partir d'une simple banalité.

Tu revenais de la messe de minuit avec Céline et ton père. En arrivant, tu te réjouissais d'aller prendre tes souliers près de la cheminée. En voyant les souliers, ton père fatigué éprouve de l'ennui : «‹Enfin, heureusement que c'est la dernière année!› Je montais alors l'escalier pour aller défaire mon chapeau» (OC, 142). Céline sait que tu vas pleurer, gâchant ainsi le réveillon. Elle te conseille de ne pas descendre tout de suite. Mais tu n'es plus la même : «Jésus avait changé son cœur» (OC, 142). Tu refoules tes larmes, c'est une autre Thérèse qui descend rapidement l'escalier, défait les paquets, rit avec son père et Céline. La métamorphose est totale. Jésus t'a revêtue de son dépouillement.

Il n'a fallu que quelques marches d'un escalier pour que vos deux regards ne fassent plus qu'un. Tu étais convertie, retournée, saisie, séduite pour toujours. Tu témoignes de ce changement dans le *Manuscrit A* : «La petite Thérèse avait retrouvé la force d'âme qu'elle avait perdue à quatre ans et demi et c'était pour toujours qu'elle devait la conserver» (OC, 142).

J'ai monté cet escalier des Buissonnets, il y a trois ans. Et c'est avec beaucoup d'émotion que je me suis souvenu de l'expérience de ta complète conversion de Noël, où tu t'es reçue de Dieu un peu comme l'enfant de la crèche se reçoit de Marie. J'ai mieux compris la gratuité de la tendresse de Dieu, que tu nommes «miséricorde».

Chacune de nos vies n'est-elle pas remplie de ces instants de miséricorde, de pure grâce, où la joie envahit tout! Si nous savions les reconnaître et les chanter comme toi! Tout est possible pour Dieu. Tu as désiré, souffert, demandé, ainsi tu as tout reçu. Tes mains vides ont attiré les mains de Dieu. Ton impuissance rendait nécessaire sa miséricorde. Dieu donne tout à celui qui n'a rien. Dans ce bel escalier en bois, je me suis rappelé cette parole si forte que le Seigneur déclare à saint Paul: «Ma grâce te suffit: car la puissance se déploie dans la faiblesse» (2 Co 12,9).

En cette nuit de Noël, fête d'un Dieu qui se dit dans le dénuement, Jésus change la nuit de ton âme en torrents de lumière: «Il me rendit forte et courageuse, Il me revêtit de ses armes et depuis cette nuit bénie, je ne fus vaincue en aucun combat, mais au contraire je marchai de victoires en victoires et commençai pour ainsi dire ‹une course de géant›» (OC, 141).

Jésus devient à chaque instant le pôle de tes désirs, l'absolu de l'amour. Ton âme est nue devant lui. Il fait de toi un pêcheur d'âmes. «Je sentis un grand désir de travailler à la conversion des pécheurs… Je sentis en un mot la charité entrer dans mon cœur, le besoin de m'oublier pour faire plaisir et depuis lors je fus heureuse» (OC, 143). Voilà bien les fruits d'une conversion authentique.

Désormais, tes blessures seront d'amour, car elles seront celles de Jésus. Tu redis ton «oui» pour cette alliance éternelle, tu rechoisis tout, à la suite d'un livre de l'abbé Arminjon qui te fait le plus grand bien : «Je voulais aimer, aimer Jésus avec passion, lui donner mille marques d'amour pendant que je le pouvais encore» (OC, 146).

En juillet 1887, en regardant une image du Christ en croix, tu es frappée par le sang qui coule de l'une de ses mains et que personne ne recueille. Une apôtre est née. Le cri de Jésus retentit dans ton cœur : «‹J'ai soif!› Je voulais donner à boire à mon Bien-Aimé et je me sentais moi-même dévorée de la soif des âmes» (OC, 143).

Henri Pranzini, qui avait égorgé deux femmes et une petite fille à Paris, sera ton premier enfant que tu sauveras pour soulager la soif de Jésus. Il te demande de glisser ta main dans celle de Pranzini pour que tu l'élèves vers son précieux sang. Il te donne cet enfant de trente et un ans pour que tu le lui offres en l'enfantant à la grâce du repentir.

Tu pries, jeûnes, souffres pour la conversion de Pranzini. Ta confiance en la miséricorde de Jésus est absolue. Tu lui demandes tout de même un signe de ce repentir, que tu trouves dans le journal *La Croix*. Pranzini, monté sur l'échafaud, s'apprête à passer sa tête dans le trou, «quand tout à coup, saisi d'une inspiration subite, il se retourne, saisit un Crucifix que lui présentait le prêtre et baise par trois fois ses plaies sacrées!... J'avais obtenu ‹le signe› demandé» (OC, 144). Ce signe te renvoie à cette image du Christ en croix où la soif des âmes entra en toi.

Et c'est ainsi que tu grandis en sagesse et en sainteté. «Dégagé des scrupules, de sa sensibilité excessive, mon esprit se développa» (OC, 145). Céline devient non pas ta mère, mais ton âme sœur. À l'exemple de sainte Monique conversant avec son enfant Augustin au port d'Ostie, «qu'elles étaient douces les conversations que nous avions chaque soir dans le belvédère» (OC, 147). La pratique de la vertu t'est plus douce et naturelle. Tu es le lieu d'un mystère d'amour qui te transforme et qui me fascine.

Et dire que tout cela ne fut possible pour toi que par la gratuité d'un Dieu qui agit partout, même dans les escaliers. Aussi, je ne peux que tressaillir de joie avec Jésus qui dit : «Je te bénis, Père, Seigneur du ciel et de la terre, d'avoir caché cela aux sages et aux intelligents et de l'avoir révélé aux tout-petits. Oui, Père, car tel a été ton bon plaisir» (Lc 10,21).

Prière

Thérèse,
toi qui as reçu la visite de Jésus un soir de Noël,
prépare-moi à l'accueillir lorsqu'il vient
dans les simples événements de ma vie.
Rends-moi disponible à sa venue soudaine,
que je le reconnaisse là où je ne l'attends pas.
Qu'il creuse en moi la soif d'aimer sans mesure,
que coule cette joie qui est de tout donner.
Je te le demande par la force de son sang,
versé pour moi jusqu'à la fin des temps.

◆

Très Saint-Père,
j'ai une grande grâce à vous demander

Jésus t'a rendue à toi-même le soir de Noël 1886. C'est comme si tu sortais d'un mauvais rêve pour te réveiller en Dieu. Ce passage des ténèbres à la lumière alimente de «véritables transports d'amour» (OC, 155). Tu désires même aller en enfer pour que Jésus reçoive «un seul acte d'amour» (OC, 156).

Un puissant désir occupe toutes tes pensées : entrer au carmel pour Noël 1887, le premier anniversaire de ta conversion. L'amour peut tout obtenir ; si ce n'est l'enfer, pourquoi pas le carmel à l'aube de tes quinze ans. Tu fais tienne cette phrase de *L'Imitation de Jésus-Christ* : «Jamais l'Amour ne trouve d'impossibilités, parce qu'il se croit tout possible et tout permis» (OC, 158).

Tu manifestes dans ce choix un certain entêtement, étant bien déterminée à faire ce qu'il te semble être la volonté de Dieu. Céline t'appuie, même si cela lui crève le cœur. Ton père, qui venait de sacrifier ses trois aînées, accepte de quitter sa petite reine, d'immoler son Isaac. Il sait qu'il ne peut rien contre ton désir et contre ce Dieu-Père qui lui fait l'honneur de lui demander ainsi ses enfants. Il pose ce geste symbolique : «S'approchant d'un mur peu élevé, il me montra de petites fleurs blanches semblables à des lys en miniature et prenant une de ces fleurs, il me la donna, m'expliquant avec quel soin le Bon Dieu l'avait fait naître et l'avait conservée jusqu'à ce jour» (OC, 152).

L'histoire de cette petite fleur, c'est bien ta vie. Ton père consent à ce qu'elle soit transplantée dans la terre du carmel. Mais avant de reprendre racine, il y a d'autres obstacles à surmonter. Ton oncle Guérin refuse, puis change d'avis, influencé par Pauline, sœur Agnès de Jésus. C'est tout le contraire avec le chanoine Delatroëtte, supérieur du carmel, qui oppose un «non» catégorique. À l'insistance des carmélites, son refus se durcit. Par contre, l'aumônier du carmel, l'abbé Youf, est favorable. Eh bien! qu'à cela ne tienne, tu en parleras à l'évêque de Bayeux, Mgr Hugonin.

À la fin d'octobre 1887, tu te présentes avec ton père devant l'évêque, les cheveux relevés en chignon afin de paraître plus âgée. Ton éloquence lui fait répondre ni oui ni non. M. Révérony, vicaire général, prendra l'ultime décision. Mais tout s'empêtre dans la diplomatie et la prudence. Faut-il encore un miracle? Peut-être pas, mais tu irais au bout du monde pour satisfaire ce désir qui vient de Dieu et jusqu'à Rome s'il le faut pour défendre ta cause devant le pape. Jésus n'a-t-il pas dit que ce sont les violents qui s'emparent du Royaume des cieux (Mt 11,12)? Ton impatience n'a d'égale que l'urgence du don de ta vie.

Durant ces affrontements, tu t'abandonnes: «Mon âme était plongée dans l'amertume, mais aussi dans la paix, car je ne cherchais que la volonté du Bon Dieu» (OC, 162). C'est avec de tels sentiments que tu entreprends un voyage à Rome, du 7 novembre au 2 décembre 1887, à l'occasion des noces sacerdotales de Léon XIII. Près de deux cents pèlerins, dont soixante-treize ecclésiastiques et beaucoup de représentants de familles nobles de Normandie, sont du groupe. Tu retiendras surtout deux choses: «La vraie grandeur se trouve dans l'âme et non dans le nom» (OC, 163), et l'urgence de prier en faveur des prêtres. Préoccupée de dire un mot au pape, tu contemples tout de même les beautés qui s'offrent à toi.

Je t'imagine à Paris, parlant avec tous, puis dans le wagon, t'extasiant des paysages suisses : « Je n'avais pas assez d'yeux pour regarder. Debout à la portière je perdais presque la respiration, j'aurais voulu être des deux côtés du wagon » (OC, 166).

Comme je te retrouve ici, jeune femme qui choisit tout, qui veut tout voir, Thérèse au regard émerveillé, un regard neuf d'enfant. Tu n'as pas assez de tes yeux pour voir la nature qui t'élève vers « Celui qui s'est plu à jeter de pareils chefs-d'œuvre sur une terre d'exil... Il me semblait comprendre déjà la grandeur de Dieu et les merveilles du Ciel » (OC, 166). Les paysages contemplés te suggèrent une autre lumière, une autre parole, une autre beauté. Pour avoir fait moi-même un voyage identique, je n'ai pu que m'exclamer : « Comme le Créateur est beau dans sa création. »

La cathédrale de Milan t'enchante : « Céline et moi nous étions intrépides, toujours les premières et suivant directement Monseigneur afin de tout voir en ce qui concernait les reliques des Saints et bien entendre les explications » (OC, 167). Tu ne veux rien manquer, vivant intensément le moment présent : « Il fallait toujours que je trouve le moyen de toucher à tout » (OC, 181).

Ta foi en Jésus aura toujours ce même réalisme : toucher et être touchée. Quelqu'un du groupe dit en vous voyant : « ‹ Ah ! que les Français sont donc enthousiastes ! › Je crois que ce pauvre monsieur aurait mieux fait de rester chez lui » (OC, 168). Dans ton univers, il n'y a pas de place pour les rabat-joie, les grincheux, les éteignoirs. Le temps est à la louange, bien que tu trouves Venise triste.

Finalement, Rome ! Une barrière défend l'entrée dans l'arène du Colisée. Venir à Rome sans descendre au Colisée te semble impensable. Entraînant Céline, tu franchis la barrière et escalades les ruines. Tu n'écoutes pas ton père qui te dit de revenir. Quand tu veux quelque chose, rien ne peut t'arrêter. L'attente te semble toujours trop longue lorsque tu veux te donner. Tu trouves enfin l'endroit des premiers chrétiens martyrs : « Je demandai la grâce d'être aussi martyre pour Jésus et je sentis au fond du cœur que ma prière était exaucée » (OC, 172). Ce martyre se réalisera surtout dans les derniers mois de ta vie.

Le dimanche 20 novembre, Léon XIII reçoit les pèlerins. Tu participes, émue, à la messe dans la chapelle papale du Vatican. Après la messe, il dit un mot aimable à chacun, mais la file est longue, et tu es juste devant Céline, la dernière du défilé. Le visage du pape est pâle. Âgé de soixante-dix-sept ans, il est fatigué, et le temps presse. Interdiction donc de lui parler, ordre de M. Révérony, qui se tient à droite du pape. Céline, en bonne complice, te suggère de parler. Arrivée devant Léon XIII, tu t'agenouilles, tu baises sa mule, il te présente la main : « Mais au lieu de la baiser, je joignis les miennes et levant vers son visage mes yeux baignés de larmes, je m'écriai : ‹ Très Saint-Père, j'ai une grande grâce à vous demander › » (OC, 175). Il baisse la tête vers toi, sa figure touche presque la tienne, jusqu'à voir ses yeux noirs et profonds qui te scrutent. Tu lui répètes ta supplique exprimant ton désir d'entrer au carmel à quinze ans. Le pape ne comprend pas bien ce que tu dis, il se tourne vers M. Révérony qui, mécontent, résume : « C'est une enfant qui désire entrer au Carmel à quinze ans, mais les supérieurs examinent la question en ce moment. » « Eh bien ! mon enfant, reprit le Saint-Père en me regardant avec bonté, faites ce que les supérieurs vous diront » (OC, 175-176).

Normalement, cette réponse devait suffire, mais ta logique n'est pas celle du monde. Si près du but, et tu n'as pas la grâce que tu demandes au pape. Appuyant tes mains sur ses genoux, tu tentes un dernier effort avec une voix suppliante : « Oh ! Très Saint-Père, si vous disiez oui, tout le monde voudrait bien ! » Il me regarda fixement et prononça ces mots en appuyant sur chaque syllabe : « Allons... Allons... Vous entrerez si le Bon Dieu le veut » (OC, 176).

Tu sens qu'il commence à fléchir, tu te hasardes encore à lui parler, mais deux gardes-nobles te touchent pour te faire lever. Tu résistes : « Ils me prirent par les bras et M. Révérony leur aida à me soulever car je restais encore les mains jointes, appuyées sur les genoux de Léon XIII et ce fut de force qu'ils m'arrachèrent de ses pieds » (OC, 176). Comme si ce n'était pas assez, Céline a le culot de demander au pape une bénédiction pour le carmel, ce à quoi répond M. Révérony, d'une voix furieuse : « Il est déjà béni le Carmel » (OC, 176).

Ton père n'a rien vu de la scène. Il te retrouve en larmes, complètement anéantie. Le voyage n'a plus aucun charme à tes yeux. Pourtant, le pape n'a pas dit non. Au contraire, tu entreras « si le Bon Dieu le veut ». N'est-ce pas sa volonté que tu veux faire ? Mais tu tenais tellement à cette date de Noël. Tu apprendras à te détacher de ces chiffres symboliques qui donnent une valeur poétique à ton cheminement spirituel. Et pourtant, il y a une telle urgence dans ta vie, le temps presse, comme si tu te doutais qu'il ne te reste que dix ans à vivre.

Tu écris à Pauline le soir même de l'audience : « Je pleurerais bien en écrivant cette lettre, j'ai le cœur bien gros. Cependant le Bon Dieu ne peut pas me donner des épreuves qui sont au-dessus de mes forces. Il m'a donné le courage de supporter cette épreuve, oh! elle est bien grande... Mais Pauline, je suis la petite Balle de l'Enfant Jésus; s'il veut briser son jouet il est bien libre, oui je veux bien tout ce qu'il veut» (OC, 329).

Ce qu'il veut, c'est que tu sois carmélite, mais pas à ton heure. Tu es inscrite à son agenda pour le 9 avril 1888, selon le souhait de Pauline, qui veut que tu entres au carmel après les pénitences du carême. Tu t'y prépares par ce que tu appelles la pratique de ces riens: «Mes mortifications consistaient à briser ma volonté, toujours prête à s'imposer, à retenir une parole de réplique, à rendre de petits services sans les faire valoir, à ne point m'appuyer le dos quand j'étais assise, etc.» (OC, 185). Quel héroïsme dans ces pratiques connues de Dieu seul!

Il y a une très jolie photo prise quelques jours avant ton entrée au carmel. Tu as les cheveux en chignon, comme lors de ta visite à l'évêque de Bayeux. Tu rayonnes de joie. Le grand jour approche. Ton regard est direct, ton sourire franc, et ta tête, immobile, tournée à droite, semble dire avec le psalmiste:

«J'ai mis le Seigneur devant moi sans relâche;
puisqu'il est à ma droite, je ne bronche pas» (Ps 16,8).

Prière

Thérèse,
toi qui as vécu tes désirs au maximum
pour que s'accomplisse la volonté de Dieu,
donne-moi la ténacité d'aller au bout de l'Évangile.
Que mes joies et mes peines lui soient données.
Que j'accueille l'amour du Père au jour le jour,
ma mort sera alors pure offrande sur son cœur,
dans l'unité de son Fils et de l'Esprit Saint.

◆

J'ai trouvé la vie religieuse telle que je me l'étais figurée

Heureux ceux qui partent, comme Abraham et tous les autres, à la poursuite de la joie! Heureux ceux qui sont toujours en route et qui n'arrivent jamais! Heureux ceux pour qui le voyage est intérieur et le chemin un perpétuel recommencement!

En ce lundi matin du 9 avril, tu pars, laissant le monde derrière toi pour mieux le retrouver en Dieu, l'Amour qui te tire en avant. Tu ne t'installeras pas au carmel, tu seras toujours ailleurs, dans ce vaste espace d'une foi en Jésus qui se partage en communauté, lieu de l'affrontement des caractères et du pardon.

Tu pars, le cœur dilaté, au bras de ton père, «après avoir jeté un dernier regard sur les Buissonnets, ce nid gracieux de [ton] enfance que [tu] ne devais plus revoir» (OC, 185). Après la messe de sept heures au carmel, ce sont les adieux aux membres de ta famille en pleurs, et la dernière bénédiction de ton père: «Pour me la donner il se mit lui-même à genoux et me bénit en pleurant» (OC, 186). Le cœur battant, tu franchis enfin la porte conventuelle.

Qu'elle est belle, cette scène du vieillard agenouillé et de l'enfant qui renaît, du saint qui bénit la sainte, du père qui remet sa fille au Père de toute paternité! Chacun a répondu librement à un appel de Dieu. Chacun a sa place pour la tâche qui lui est confiée. Grandeur et similitude des vocations, comme celles du mariage et de la vie monastique! Des valeurs identiques s'y vivent de façon différente: amour, liberté, fidélité, fécondité, respect des différences, confiance, partage, pardon, prière... Aucune n'est supérieure à l'autre; ce qui est premier, la qualité de l'amour. Les différentes vocations ne sont que les moyens de réaliser le don total de notre être à Dieu.

Le mariage a souvent été vu dans l'Église comme inférieur à la virginité consacrée. Tu ne pouvais pas échapper à des siècles de suspicion envers le corps, le plaisir, la femme, le mariage. Mais entre nous, Thérèse, tu ne serais pas là s'il n'y avait pas eu Zélie Guérin et Louis Martin. C'est grâce aux couples s'il y a des carmélites, non?

Permets-moi de te faire cette confidence! J'ai reçu moi aussi l'appel à la vie monastique, il y a vingt-quatre ans déjà. J'y ai répondu comme toi avec toute la fougue de mon adolescence. De fait, j'ai vécu quatre ans comme moine trappiste à l'abbaye cistercienne d'Oka, de 1973 à 1977. Cela m'a donné une grande liberté intérieure dans le Christ. Puis j'ai quitté, après des vœux temporaires d'un an, pour des raisons de santé. C'est souvent le moyen dont Dieu se sert pour nous faire comprendre que notre vocation est ailleurs.

C'est au monastère que j'ai commencé à écrire. Et je continuerai tant que l'Amour ne sera pas aimé, comme disait François d'Assise, un autre ami. Maintenant, il me reste à aimer, encore et toujours, surtout mon épouse Anne-Marie et nos quatre enfants, et tous ces jeunes couples que nous accompagnons dans la préparation au mariage, et tous ces gens qui attendent de nous une parole, une prière, un regard, un geste.

Lors de ma prise d'habit à Oka, dom Fidèle Sauvageau m'avait dit que je devais être une source d'inspiration pour les autres. C'était ma vocation. Certes, j'ai gardé une certaine nostalgie de la vie monastique. Je me vois en te voyant au carmel. Je peux ressentir ce que tu as vécu. Pour moi, il n'y a rien d'exotique dans ce genre de vie que l'on idéalise tellement. Mais j'ai compris ceci : le monastère est intérieur. Habiter son monastère intérieur, c'est rayonner, et c'est ainsi que l'on devient une source d'inspiration.

Ce n'est pas une maison qu'on habite, mais son cœur, le lieu où Dieu demeure. Le cœur est la cellule intérieure où le Christ frappe à la porte, le carmel invisible où il mendie notre «oui». Il nous invite à le rejoindre dans la demeure la plus secrète : notre âme, que Thérèse d'Avila appelle «le château intérieur». Mais là je m'arrête, car je prends un peu trop de place et tu as hâte d'entrer au carmel pour nous partager le secret de ta «petite voie».

C'est avec joie et dans la paix de Jésus que tu entres au carmel de Lisieux, fondé en 1838 : «Avec quelle joie profonde je répétais ces paroles : ‹C'est pour toujours, toujours que je suis ici›» (OC, 187). L'intérieur du monastère te semble ravissant. Tu te sens au désert, parmi vingt-six religieuses dont la moyenne d'âge est de quarante-sept ans. Tu t'enfonces sans illusions dans l'exigence de ta vocation : «Les illusions, le bon Dieu m'a fait la grâce de n'en avoir aucune en entrant au Carmel : j'ai trouvé la vie religieuse telle que je me l'étais figurée» (OC, 187).

Les premiers mois, tout va bien, même si tu rencontres «plus d'épines que de roses» (OC, 187). Tu es initiée aux coutumes de la vie carmélitaine. Il n'y a aucune déception, aucun regret, aucun problème à signaler. La prieure, mère Marie de

Gonzague, en est même surprise. Toi, tu restes la même, allant au bout du combat que tu veux mener : « Lorsqu'on veut atteindre un but, il faut en prendre les moyens » (OC, 187).

C'est par la croix, la souffrance intérieure, cachée de tous, que tu fais tes premiers pas au carmel, ce que tu appelles des « piqûres d'épingles » (OC, 370). Tu découvres une prieure à l'humeur changeante qui t'humilie, une maîtresse des novices qui ne cesse de parler et de te questionner, une sœur Saint-Vincent-de-Paul qui n'épargne pas ta sensibilité en affirmant que, n'ayant aucune aptitude pour les travaux manuels, tu ne seras jamais utile à la communauté. Elle n'était pas prophète, celle-là ! Sœur Fébronie, une bonne vieille religieuse, l'est beaucoup plus lorsqu'elle te dit : « Votre âme est extrêmement simple, mais quand vous serez parfaite, vous serez encore plus simple, plus on s'approche du Bon Dieu, plus on se simplifie » (OC, 189). Parole de sagesse qui sera une des clés de ta sainteté.

Le 28 mai 1888, tu vis une grande libération. Le père Pichon, un jésuite qui a déjà subi les ravages du jansénisme ambiant, prêche au carmel un Dieu d'amour. Il sait que le carmel est porté vers des pratiques ascétiques et un moralisme étroit qui masquent le visage du Dieu de tendresse. À force de craindre le péché, on risque de trop se regarder et d'oublier ainsi le regard d'amour que Dieu nous porte. Le père Pichon sait que tu peux être portée aux scrupules ; aussi, après ta confession générale, il te dit ces paroles consolantes : « En présence du Bon Dieu, de la Sainte Vierge et de tous les Saints, je déclare que jamais vous n'avez commis un seul péché mortel » (OC, 187). Il ajoute : « Remerciez le Bon Dieu de ce qu'il fait pour vous, car s'il vous abandonnait, au lieu d'être un petit ange, vous deviendrez un petit démon » (OC, 187-188).

Le 15 juin, Céline informe son père de son désir d'entrer au carmel. C'en est trop. De plus en plus affaibli par des crises d'urémie, il perd la mémoire et fait des fugues de plusieurs jours. Cette épreuve t'atteint dans ce que tu as de plus cher. Il a besoin de toi, mais tu es « prisonnière » au carmel. Des rumeurs circulent dans la communauté et à Lisieux : M. Martin est devenu fou depuis que sa plus jeune enfant est entrée en religion. Une rechute de ton père retarde ta prise d'habit de novice qui devait avoir lieu en octobre. Puis, ton père prenant du mieux, ta vêture est fixée au 9 janvier 1889, et reportée au 10.

Prière

Thérèse,
il y a beaucoup de gens qui sont sortis de communautés
ou qui ont laissé la prêtrise après un certain temps.
Dieu seul connaît vraiment leurs raisons profondes,
accompagne-les dans leur itinéraire vers le Christ,
qu'ils n'oublient pas leur ferveur première.
Soutiens toutes les personnes qui cherchent,
et dont la vocation est souvent de ne pas en avoir.

◆

Je me sentis inondée d'un fleuve de paix

CONNAISSANT DÉJÀ UN PEU MIEUX le désert où le Christ veut que tu te caches, tu descends sereinement la nef de la chapelle du carmel au bras de ton père pour y recevoir l'habit brun et le voile blanc des carmélites. Tu es resplendissante dans ta robe de velours blanc à longue traîne, une couronne de lys repose sur tes longs cheveux. Mgr Hugonin se trompe dans le cérémonial et entonne le *Te Deum* d'action de grâces réservé aux professions.

Pour que la fête soit complète et ta joie entière en ce 10 janvier 1889, Jésus réserve une surprise à sa « petite fleur d'hiver » (OC, 191). Oh! Ce n'est pas grand-chose, mais pour toi qui vis en étrangère ici-bas, cela prend valeur de signe, comme si tout le Ciel se réjouissait avec toi: « J'avais toujours désiré que le jour de ma prise d'habit la nature fût comme moi parée de blanc » (OC, 191). Quelle ne fut pas ta joie lorsque tu vis le préau tout blanc, et les flocons de neige qui dansaient pour toi dans le ciel! Spontanément, tu t'exclames: « Quelle délicatesse de Jésus » (OC, 192).

Même dans la joie, tu ne te regardes pas, c'est Jésus d'abord que tu regardes. Ta foi discerne un petit miracle de sa part. Il envoie la neige « pour charmer sa bien-aimée » (OC, 192). Tu prends ta joie en lui, car tu sais qu'il prend sa joie en toi. Il est content de te voir contente. Tout est renversé. Tu te vois comme Dieu te voit dans son amour. Et tu virevoltes de joie pour lui, légère et blanche comme la neige.

La nature a toujours épousé tes états d'âme : « J'ai remarqué que dans toutes les circonstances graves de ma vie, la nature était l'image de mon âme. Les jours de larmes, le Ciel pleurait avec moi, les jours de joie, le Soleil envoyait à profusion ses gais rayons et l'azur n'était obscurci d'aucun nuage » (OC, 153). C'est une explication qui en vaut bien d'autres. J'y vois surtout une immense communion avec le Christ cosmique qui récapitule toute chose dans sa résurrection et dont tu lis les signes de sa présence dans le grand livre de la création.

L'abbé Gombault, économe au Petit Séminaire, entre à l'intérieur de la clôture pour donner son avis sur des travaux de construction. Il en profite pour te photographier dans ton habit de novice. Le manteau blanc est tout neuf. Ton abondante chevelure se devine sous le voile. Ton alimentation riche en féculents t'a fait grossir. Ton sourire ne laisse pas présager la dernière épreuve qui frappera ton père, douze jours après ta prise d'habit. Une crise subite de folie lui fera vivre une grande humiliation ; il sera interné pendant trois ans à l'asile du Bon Sauveur, à Caen.

Tu bois cette coupe amère de la souffrance en regardant la Sainte Face de Jésus, dont tu portes le nom depuis ta prise d'habit. Tu considères cette épreuve comme l'une des plus grandes grâces de ta vie. À ces angoisses s'ajoutent les souffrances du cœur. Privée de consolations, tu écris : « La sécheresse était mon pain quotidien » (OC, 193). Tu éprouves tellement de difficultés à l'oraison que tu as presque toujours envie de dormir.

Durant l'été 1889, tu reçois une grâce mystique dans la grotte de Sainte-Madeleine, au fond du cimetière. Il t'est donné de vivre comme cachée sous le voile de la Sainte Vierge. Tu

racontes cette expérience d'union deux mois avant de mourir : « On m'avait chargée du réfectoire et je me rappelle que je faisais les choses comme ne les faisant pas, c'était comme si on m'avait prêté un corps » (OC, 1036). Pendant une semaine, tu es absorbée en Marie dans la contemplation. Mais le plus souvent, c'est la sécheresse, et tu t'en réjouis, recherchant plus le Calvaire que le Thabor, en digne fille du mystique de la nuit, saint Jean de la Croix.

Tu passes ton noviciat en t'efforçant de pratiquer les petites vertus : ne pas rechercher l'estime des autres, t'appliquer à faire plaisir en tout, laisser la meilleure place et les meilleures choses aux autres, toujours sourire, accepter d'être dérangée, ne rien faire sans permission, te conformer en tout aux usages de la Règle, faire le sacrifice des affections familiales, faire la volonté de Dieu en renonçant à la tienne, ne pas te plaindre, ne pas demander de consolations. L'amour ne se prouve vraiment qu'à travers les plus petites choses du quotidien, comme tu l'écris si bien à Céline.

> J'en ai fait l'expérience quand je ne sens rien, que je suis incapable de prier, de pratiquer la vertu, c'est alors le moment de chercher de petites occasions, des riens qui font plaisir, plus de plaisir à Jésus que l'empire du monde ou même que le martyre souffert généreusement, par exemple, un sourire, une parole aimable alors que j'aurais envie de ne rien dire ou d'avoir l'air ennuyé, etc. (OC, 467).

Ces pratiques héroïques traduisent ta volonté d'aimer Jésus en tout, de te donner totalement à lui. Il te montrera qu'au-delà de tout volontarisme la perfection ne s'acquiert pas à la force du poignet. On ne gagne pas le Ciel par ses mérites, mais en le perdant, c'est-à-dire en le recevant de Jésus seul, gratuitement, comme il l'a fait pour l'enfant prodigue, le bon larron, Marie-Madeleine, Zachée, le publicain...

L'important n'est pas d'aimer Jésus, mais de te laisser aimer par lui, d'être animée par lui. Jour après jour, il te demandera de lui donner ton impuissance à l'aimer, ton incapacité à être parfaite, ton désir de trop faire par toi-même ce que lui seul peut accomplir, sans rien demander en retour. Ce chemin de la « petite voie » libérera la sainteté des carcans de la perfection et de la justice. Tu comprendras que la sainteté est plus un accueil qu'une conquête.

Ta cousine Marie Guérin souffre à son tour de la maladie des scrupules après avoir vu des nus lors de l'Exposition internationale de Paris. Tu lui envoies une lettre d'une grande maturité, malgré tes seize ans : « Tu n'as pas fait l'ombre du mal, je sais si bien ce que sont ces sortes de tentations que je puis te l'assurer sans crainte... Il faut mépriser toutes ces tentations, n'y faire aucune attention » (OC, 392).

Cela peut sembler archaïque aujourd'hui. Mais une société érotisée comme la nôtre, où la femme est souvent perçue comme un objet sexuel et l'enfant comme une proie facile dans les réseaux des pédophiles, ne vaut pas mieux qu'une société puritaine pour qui la sexualité n'est que péché. Les deux méprisent le corps et ne le respectent pas pour ce qu'il est, le temple du Saint-Esprit. Qu'il est donc difficile de trouver le juste milieu !

La redoutable maladie des scrupules dévore les énergies créatrices de la personne, paralyse tout élan vers Dieu, peut culpabiliser jusqu'au suicide, car la personne se sent sale et impure, indigne et honteuse. Tu l'as vécue, cette maladie, le tabou sexuel étant omniprésent dans ta famille. Le mariage était même ressenti comme un deuil. Aussi seras-tu épouvantée à la seule pensée que Céline puisse se marier !

Cependant, ta réponse à Marie Guérin montre que tu as trouvé un équilibre dans ta chair, que tu ne te laisses plus troubler par ces tentations contre la pureté et qu'à tes yeux l'orgueil est la pire des offenses faites à Dieu.

Tu attaqueras l'orgueil avec l'arme redoutable de la petite voie. Aucun péché ne pourra te séparer de la confiance en l'amour de Dieu. Ces dernières lignes du *Manuscrit C,* écrites péniblement au crayon à la mine, en témoignent éloquemment : « Oui je le sens, quand même j'aurais sur la conscience tous les péchés qui se peuvent commettre, j'irais le cœur brisé de repentir me jeter dans les bras de Jésus, car je sais combien Il chérit l'enfant prodigue qui revient à Lui » (OC, 285).

Le jour de ta profession approche où tu te donneras corps et âme à Jésus. Normalement, la profession arrive un an après le noviciat. Tu espères t'engager pour la vie dès le 11 janvier 1890, mais on te demande encore de retarder cette étape. M. Delatroëtte te trouve trop jeune pour un engagement définitif, et puis il y a toujours la maladie de ton père.

Tu es déçue, mais, comme dans tout ce qui t'arrive, tu en tires des leçons de sagesse pour vaincre ta grande sensibilité et ton amour-propre : « Je compris que mon désir si vif de faire profession était mêlé d'un grand amour-propre ; puisque je m'étais donnée à Jésus pour lui faire plaisir, le consoler, je ne devais pas l'obliger à faire ma volonté au lieu de la sienne » (OC, 194). Ta volonté, tu l'enfermes dans le cloître. Et comme il arrive si souvent dans la vie spirituelle, une fois le sacrifice accepté, le renoncement accompli, Dieu exauce ton désir.

« Enfin le beau jour de mes noces arriva » (OC, 198), ce fut le 8 septembre, en la nativité de Marie. La veille, une tempête s'éleva dans ton âme : « Ma vocation m'apparut comme un rêve, une chimère » (OC, 198). Les ténèbres t'envahissent, puis disparaissent lorsque tu parles de cette tentation à la maîtresse des novices. Le matin du 8 septembre, à la salle du chapitre, c'est la victoire : « Je me sentis inondée d'un fleuve de paix » (OC, 199).

Cette paix profonde qui «surpasse tout sentiment» (Ph 4,7), cette paix que le monde ne peut pas te donner, elle ne t'a jamais quittée depuis ta conversion de Noël.

Lors de ta profession, tu portes sur ton cœur un court billet où l'on sent l'effroi de l'enfant et la volonté de la guerrière, les deux luttant pour l'emprise de ton être. Dans cette prière de feu, tu tutoies Jésus:

> Ô Jésus, mon divin époux! que jamais je ne perde la seconde robe de mon Baptême, prends-moi avant que je fasse la plus légère faute volontaire... Jésus je ne te demande que la paix, et aussi l'amour... Jésus que pour toi je meure martyre... Jésus fais que je sauve beaucoup d'âmes... Jésus pardonne-moi si je dis des choses qu'il ne faut pas dire, je ne veux que te réjouir et te consoler» (OC, 957-958).

Le 24 septembre est fixée la seconde cérémonie, celle de la prise du voile noir, en présence des fidèles. Tu pleures en ce jour où ton père est absent, ton père spirituel au Canada, l'évêque retenu à Bayeux pour maladie. «Cependant la paix, toujours la paix, se trouvait au fond du calice» (OC, 199).

Désormais, plus rien ne te retiendra sur le chemin de la sainteté, plus rien, sauf toi-même. Tu retiens cette parole de la «Sainte Mère Geneviève» qui éclaire ta nuit: «Servez Dieu avec paix et avec Joie, rappelez-vous, mon enfant, que notre Dieu, c'est le Dieu de la paix» (OC, 201). Cette religieuse fondatrice du carmel sera pour toi un vrai modèle de sainteté, «car il ne s'y rencontre aucune illusion» (OC, 202). Elle mourra le 5 décembre 1891, après avoir fêté ses soixante ans de vie religieuse. Une nuit, tu rêves qu'elle te donne son cœur. Quel grand mystère que celui de la communion des saints!

Prière

Thérèse,
la paix de Jésus a toujours inondé ton âme,
même dans les moments de grande sécheresse.
Intercède pour nous auprès de Jésus,
que sa paix habite notre monde en guerre,
que nous vivions de cette paix entre nous,
que nous allions en paix sur des chemins de vie.
Que la paix de Jésus soit toujours avec nous,
qu'elle garde nos cœurs joyeux pour l'éternité.

♦

Que de lumières n'ai-je pas puisées dans les œuvres de notre Père saint Jean de la Croix!

L'hiver de 1890-1891 est très rigoureux. Le carmel n'étant pas chauffé, tu souffres beaucoup du froid. Ce sera d'ailleurs une de tes grandes souffrances, ainsi que tu l'avoueras avant de mourir : « J'ai souffert du froid au Carmel jusqu'à en mourir » (OC, 1178). Personne ne s'en aperçoit, car tu ne le laisses pas paraître en te frottant les mains ou en marchant plus vite.

L'hiver de 1891-1892 est aussi rude. À peine la fondatrice, mère Geneviève, est-elle enterrée qu'une épidémie d'influenza ravage la France. La communauté n'est pas épargnée. En quelques jours meurent la doyenne de la communauté, le jour de tes dix-neuf ans, puis la sous-prieure et une sœur converse. Alors que la communauté est alitée, tu restes debout, forte et dévouée. C'est une surprise pour plusieurs. Tu fais preuve d'une belle maturité et d'un grand calme, donnant ici toute ta mesure en prenant des initiatives. Ton espérance est plus forte que la tourmente : « Au milieu de cet abandon je sentais que le Bon Dieu veillait sur nous » (OC, 204).

Durant les années 1890-1893, tu parfais ta formation au noviciat. De fait, tu y resteras jusqu'à ta mort, devenant maîtresse des novices au printemps de 1896, sans en avoir le titre. Tu dis très peu de choses de ces années dans tes manuscrits autobiographiques. Ce sont les années obscures où tu demeures cachée en Jésus, te laissant guider par sa main qui balise ta petite voie : « C'est l'abandon seul qui me guide, je n'ai point d'autre boussole » (OC, 210).

Ta méthode de prière sera toujours de ne pas en avoir. L'abandon en Dieu suffit. Ton âme, tu la veux libre pour mieux aimer Jésus, même si parfois tu t'endors à l'oraison, un peu comme saint Pierre au jardin de Gethsémani. Mais ton cœur veille, pareil à celui de Jésus qui dormait dans la barque avant qu'il n'apaise la tempête. Une strophe d'un de tes poèmes illustre bien cela, que tu reprendras trois mois avant de mourir.

Rappelle-toi que ta volonté sainte
Est mon repos, mon unique bonheur
Je m'abandonne et je m'endors sans crainte
Entre tes bras, ô mon divin Sauveur
Si tu t'endors aussi lorsque l'orage gronde
Je veux rester toujours dans une paix profonde
Mais pendant ton sommeil
Jésus, pour le réveil
Prépare-moi (OC, 700-701).

Un grand mystique sera ton guide durant ton noviciat : Jean de la Croix. Ce théologien brûlé par la flamme de l'Esprit t'initiera à la science d'amour : « Ah ! que de lumières n'ai-je pas puisées dans les œuvres de Notre [père saint Jean de la Croix] ! À l'âge de 17 et 18 ans je n'avais pas d'autre nourriture spirituelle mais plus tard tous les livres me laissèrent dans l'aridité et je suis encore dans cet état » (OC, 210).

En illustre fille du père spirituel, tu es dans la nuit aride des sens. Ton impuissance à lire et à méditer est le signe que tu es appelée à la contemplation, à une oraison passive où tu es agie de l'intérieur par l'Esprit Saint. Un seul livre te nourrit, l'Évangile :

> En lui je trouve tout ce qui est nécessaire à ma pauvre petite âme... Je comprends et je sais par expérience «Que le royaume de Dieu est au-dedans de nous.» Jésus n'a point besoin de livres ni de docteurs pour instruire les âmes, Lui le Docteur des docteurs, il enseigne sans bruit de paroles... Je sens qu'Il est en moi, à chaque instant, Il me guide, m'inspire ce que je dois dire ou faire (OC, 211).

Oui, tout docteur, théologien, mystique s'effacent devant le Maître. Oui, il n'y a aucun livre supérieur à l'Évangile. Mais Dieu parle aussi à travers ses amis. Toi-même, tu nous instruis de Dieu par tes écrits et tes paroles. Tu enseigneras aux novices la petite voie de l'abandon et de l'amour. Jean de la Croix te fera prendre conscience de la valeur purificatrice de la souffrance, de la grandeur de l'humilité qui permet de t'élever plus haut, de l'importance de ne s'appuyer que sur Dieu, au lieu de compter sur tes propres forces.

Même si, après l'âge de tes dix-huit ans, tous les livres te laissent dans l'aridité, il ne faut pas en conclure que le docteur du carmel n'a plus d'influence sur toi. Au contraire, des extraits de son œuvre t'accompagneront jusqu'à la fin. Tu dis, un mois avant de mourir : «Quand je lisais St Jean de la Croix, je suppliais le bon Dieu d'opérer en moi ce qu'il dit, c'est-à-dire la même chose que si je vivais très vieille ; enfin de me consommer rapidement dans l'Amour, et je suis exaucée» (OC, 1118).

On ne lisait pas beaucoup Jean de la Croix dans les carmels français. L'année du troisième centenaire de sa mort, en 1891, relance l'actualité du saint et de son message spirituel. À cette occasion, tu réalises plusieurs images du saint. Tu te sens tellement en harmonie avec lui que tu écris un court testament, l'héritage du saint à ton âme : « Ma fille, je vous laisse mon dépouillement intérieur. L'Âme qui veut posséder Dieu entièrement doit renoncer à tout pour se donner toute *[sic]* entière à ce grand Dieu » (OC, 1233).

Dans une lettre à Marie Guérin, le 29 juillet 1890, tu évoques bien la dialectique du carme espagnol : « Marie, si tu n'es rien il ne faut pas oublier que Jésus est tout, aussi il faut perdre ton petit rien dans son infini tout et ne plus penser qu'à ce tout uniquement aimable » (OC, 415). De Jean de la Croix, tu retiendras surtout la primauté de l'amour : « Pour moi je ne connais pas d'autre moyen pour arriver à la perfection que ‹ l'amour ›… Aimer, comme notre cœur est bien fait pour cela » (OC, 415). Puis, tu cites un verset du *Cantique spirituel* du poète : « La maladie de l'amour ne se guérit que par l'amour » (OC, 415).

En mettant tes pas à la suite du docteur de l'amour, tu veux te rendre « au sommet de la montagne de l'Amour » (OC, 416). Mais tu commences par la fin, en lisant ses dernières œuvres, *Le Cantique spirituel* et *La Vive Flamme d'amour*. En voyant bien la fin, tu peux mieux te mettre en route et vivre ainsi la science d'amour. Ces deux œuvres illuminées suivent celles plus ascétiques, *La Montée du Carmel* et *La Nuit obscure,* qui décrivent le cheminement de l'âme vers Dieu à travers ce que tu connais bien, soit le vide, le rien, la nuit, la sécheresse, les humiliations.

Le Cantique spirituel est un long poème de l'âme à la sortie de la nuit, cette aube joyeuse où est célébré le mariage mystique de l'âme avec Dieu. Ce texte te donne l'espérance de continuer, malgré la nuit. Jean de la Croix te fait voyager mieux que quiconque. Tu écris à Céline le 15 août 1892 :

> Céline, les vastes solitudes, les horizons enchanteurs qui s'ouvrent devant toi doivent t'en dire bien long à l'âme ? Moi je ne vois pas

tout cela, mais je dis avec St Jean de la Croix : «J'ai en mon bien-aimé les montagnes, les vallées solitaires et boisées, etc.»... Et ce bien-aimé instruit mon âme, Il lui parle dans le silence, dans les ténèbres (OC, 448).

Le 19 octobre, tu reprends pour Céline cet extrait de la Prière de l'âme embrasée d'amour de Jean de la Croix : «Tout est à moi, tout est pour moi, la terre est à moi, les cieux à moi, Dieu est à moi et la Mère de mon Dieu est à moi» (OC, 452). Le 2 août 1893, c'est l'explication du premier vers de la première strophe du *Cantique spirituel* qui te revient en mémoire et que tu partages encore à Céline : «Pour trouver une chose cachée, il faut se cacher soi-même, notre vie doit donc être un mystère, il nous faut ressembler à Jésus, à Jésus dont le visage était caché» (OC, 470).

Outre *Le Cantique spirituel*, c'est *La Vive Flamme d'amour* qui t'inspire le plus. Ce livre est poème, prière, témoignage, brûlure de l'Esprit Saint au plus intime de l'être, union transformante de l'âme en Dieu. Ce sommet de l'expérience mystique influence plusieurs de tes poésies, où le thème du feu est si présent, comme dans *Vivre d'amour* :

L'Esprit d'Amour m'embrase de son feu...
Flamme d'Amour, consume-moi sans trêve » (OC, 667-670).

Ce feu de l'amour consume les imperfections. Tu reprends cette idée dans ton acte d'offrande à l'amour miséricordieux : «... vous [= Dieu] suppliant de me consumer sans cesse» (OC, 964). Jean de la Croix te fait comprendre qu'il n'est pas nécessaire d'être parfait pour s'offrir à l'amour. Il s'agit de se présenter tel que l'on est, sans effort, puisque notre misère attire sa miséricorde. Cette intuition du mystique espagnol sera un des fondements de ta petite voie.

Le Cantique de sœur Marie de la Trinité porte aussi la marque de *La Vive Flamme d'amour* :

Ta parole de flamme
Brûle mon cœur...

Ton Amour est mon seul martyre
Plus je le sens brûler en moi
Et plus mon âme te désire...
Jésus, fais que j'expire
D'Amour pour toi (OC, 713-714).

Dans *Glose sur le Divin*, tu mets en vers un texte de Jean de la Croix :

Ce Feu qui brûle dans mon âme
Pénètre mon cœur sans retour
Ainsi dans sa charmante flamme
Je vais me consumant d'Amour (OC, 711-712).

L'influence du réformateur du carmel est donc décisive dans ton cheminement. Cela n'a pas duré seulement deux ans. Son symbolisme nuptial pénètre en toi comme une substance que tu intègres pour la faire tienne jusqu'à la mort. À son exemple,

Appuyée sans aucun Appui
Sans Lumière et dans les Ténèbres
Je vais me consumant d'Amour (OC, 711).

Tu recopies plusieurs citations et sentences du saint. L'un des rares livres en ta possession est *Maximes et Avis spirituels* de notre bienheureux père saint Jean de la Croix. C'est de ce livre que tu prends cette sentence dédiée à ta chère novice, sœur Marie de la Trinité : « Au soir de cette vie, on vous examinera sur l'amour » (OC, 537).

Oui, Thérèse, que de lumières n'as-tu pas puisées dans les œuvres de notre ami Jean de la Croix, le saint de l'amour par excellence! Toi qui écrivais: «Mais c'est l'amour seul qui m'attire» (OC, 210), tu rencontres en ton frère une âme sœur qui ouvre ton esprit à la petite voie de l'amour miséricordieux. Tu fais tienne cette phrase du mystique transcrite dans le *Manuscrit A*: «Depuis que j'en ai l'expérience, l'AMOUR est si puissant en œuvres qu'il sait tirer profit de tout, du bien et du mal qu'il trouve en moi, et transformer mon âme en SOI» (OC, 210).

En cette fin de siècle où pullulent les sectes, les nouvelles religions, les ateliers de croissance, que de gens en quête de gourous! Et pourtant, nous avons Jean de la Croix, que les grandes religions honorent comme l'un des plus grands mystiques. Quelle espérance dans ses écrits et quelle limpidité d'expression! Pour m'être si souvent abreuvé à l'eau vive de son puits, je trouve bien trouble l'eau d'un certain Nouvel Âge qui ne désaltère pas vraiment la soif d'amour qu'il y a en nos cœurs. Dans ce supermarché spirituel, on cherche plus à posséder Dieu qu'à le recevoir.

Si la profondeur de Jean de la Croix déroute, il y a toi, Thérèse, sa plus illustre fille, qui as écrit pour nous tous, pour toutes les petites âmes si souvent stressées et désemparées. En te lisant, elles retrouveront un peu Jean de la Croix. Avec lui, tu nous libères de toute méthode et de toute technique. Il ne s'agit plus d'acquérir de nouvelles vertus par nos mérites, mais d'enlever ce qui fait obstacle à l'amour de Dieu qui veut tout envahir. Tu nous proposes une attitude toute simple, celle de l'enfant qui s'abandonne en toute confiance dans l'amour de son Père du ciel. Est-ce trop simple pour notre orgueil?

À ce niveau d'abandon, la contemplation ne fleurit plus seulement dans les cloîtres, mais elle se trouve assise à notre porte ou en marche avec nous sur les routes du monde.

Prière

Thérèse,
tu nous es donnée avec Jean de la Croix
pour nous aider à discerner la présence de l'amour
dans nos nuits obscures et nos aubes mystiques.
Viens étancher aujourd'hui notre soif de Dieu !
Que vienne le moment de la rencontre joyeuse avec Jésus !
Que vienne la flamme de l'Esprit embraser nos cœurs !
Que vienne le retour du Père sur nos chemins de prodigues !
Alors le XXIᵉ siècle sera celui du réveil spirituel,
et toi, petite Thérèse, notre docteur de l'amour.

♦

Je sentis mon âme se dilater

JEAN DE LA CROIX t'accompagne sur la route de l'amour. S'inspirant de sa doctrine, tu écris: «Ô Jésus, je le sais, l'amour ne se paie que par l'amour, aussi j'ai cherché, j'ai trouvé le moyen de soulager mon cœur en te rendant Amour pour Amour» (OC, 227). Comment vas-tu lui prouver cet amour? «Je n'ai d'autre moyen... que de jeter des fleurs, c'est-à-dire de ne laisser échapper aucun petit sacrifice, aucun regard, aucune parole, de profiter de toutes les plus petites choses et de les faire par amour» (OC, 228).

Les exemples abondent de ces sacrifices dans la petitesse: plier les manteaux oubliés par les sœurs, ne pas critiquer, ne pas te plaindre, ne pas te défendre si on t'accuse injustement, ne pas t'adosser lorsque tu es assise, ne pas marcher courbée, sourire aux sœurs les plus désagréables, utiliser les objets les moins convoités, manger ce que l'on te donne, ne pas laisser libre court à la colère qui monte en toi. Ces «riens» sont offerts, entre autres, pour un carme excommunié, Hyacinthe Loyson, que tu considères comme ton frère en Jésus. Ta dernière communion sera pour le salut de son âme.

Lors de la retraite annuelle, en octobre 1891, le franciscain Alexis Prou dilate ton âme en parlant de miséricorde: «À peine entrée dans le confessionnal, je sentis mon âme se dilater. Après avoir dit peu de mots, je fus comprise d'une façon merveilleuse... Il me lança à pleine voile sur les flots de la confiance et de l'amour... Il me dit que mes fautes ne faisaient pas de peine au Bon Dieu» (OC, 205-206).

C'est la première fois qu'un prêtre te dit que les fautes n'offensent pas Dieu, et tu en débordes de joie. Tu voudrais bien le rencontrer à nouveau, mais mère Marie de Gonzague outrepasse ses pouvoirs en te l'interdisant. C'est un vrai supplice pour toi, car cet homme prêche avec un cœur de feu. Par amour, tu obéis.

Personne ne pourra t'enlever l'espérance que cet humble prêtre t'a donnée en te parlant de la miséricorde d'un Dieu qui prend plaisir à pardonner. La petite voie commence à prendre forme. Tu t'ouvres désormais à cet amour qui dilate l'âme et qui te fait courir dans la voie des commandements, ainsi tu t'écries avec le Psalmiste : «J'ai couru dans la voie de vos commandements depuis que vous avez dilaté mon cœur» (OC, 255).

Ton père revient à Lisieux. Tu le revois vieilli, ce sera le dernier parloir. Il ne parle pas, il pleure en te quittant, indiquant le Ciel avec son doigt. Céline restera à ses côtés jusqu'à sa mort, le 29 juillet 1894. C'est la période d'une fructueuse correspondance entre vous deux. Les versets bibliques s'enchaînent dans tes lettres, motivant ta sœur à entretenir le feu de l'amour, selon l'expression de Thérèse d'Avila.

Pour faire plaisir à sœur Marthe, tu retardes ta retraite privée de 1892. Elle accapare tous tes temps libres. Tu acceptes de ne pas être sur la montagne, seule avec Dieu, mais dans la vallée pour mieux le servir. Le 8 décembre, tu veux ouvrir les yeux de ta compagne à propos de l'affection immodérée qu'elle porte à mère Marie de Gonzague, «comme le chien qui s'attache à son maître» (OC, 263).

Ayant longuement mûri ce moment de correction fraternelle, tu prends un risque, car si mère de Gonzague l'apprend, tu peux être renvoyée dans un autre monastère. Ton souci de la vérité et ta force de caractère te font aller de l'avant. Tu lui dis tout ce que tu penses d'elle, avec beaucoup d'affection, que l'amour véritable n'est pas attachement mais sacrifice de soi : «Je lui montrai que c'était elle-même qu'elle aimait et non pas vous... L'amour se nourrit de sacrifices, plus l'âme se refuse de satisfactions naturelles, plus sa tendresse devient forte et désintéressée» (OC, 263). Sœur Marthe est libérée : «Elle me promit de commencer une nouvelle vie et me demanda comme une grâce de l'avertir toujours de ses fautes» (OC, 263).

La leçon porte, car tu parles d'expérience, ayant toujours lutté contre une affection trop humaine envers tes sœurs et mère Marie de Gonzague. Tu écris à celle-ci : «Je me souviens qu'étant postulante, j'avais parfois de si violentes tentations d'entrer chez vous pour me satisfaire, trouver quelques gouttes de joie, que j'étais obligée de passer rapidement devant le dépôt et de me cramponner à la rampe de l'escalier» (OC, 264-265). Ces privations du début portent maintenant du fruit, tu n'aimes qu'en Dieu. Tu es un instrument de paix qui travaille déjà dans les âmes.

Un événement te remplit de joie, Pauline est élue prieure le 20 février 1893. Cette élection crée pour toi un nouveau printemps : «Je volai dans les voies de l'amour... Ce jour-là, Pauline devint mon Jésus vivant» (OC, 206). À trente et un ans, Pauline redevient ta mère, celle que tu avais choisie à Alençon. Elle pleurera souvent, car ce n'est pas facile d'affirmer son autorité devant l'influence de l'ancienne prieure. Celle-ci est nommée maîtresse des novices, et toi son aide. Prise entre ces deux mères et leurs affections parfois étouffantes, tu désires partir au carmel de Saïgon.

C'est au début de ce priorat que la correspondance entre toi et Céline s'intensifie. Voici un exemple qui nous éclaire sur ton cheminement spirituel : « Jésus ne m'apprend pas à compter mes actes ; Il m'enseigne à faire tout par amour, à ne Lui rien refuser, à être contente quand Il me donne une occasion de Lui prouver que je l'aime, mais cela se fait dans la paix, dans l'abandon, c'est Jésus qui fait tout et moi je ne fais rien » (OC, 465).

En avril 1893, sœur Marie des Anges, ton ancienne maîtresse des novices, trace un court portrait de toi. Ce billet savoureux en dit assez long sur le travail de la grâce en toi, sur le chemin parcouru en si peu d'années, sur ton équilibre qui est le signe d'une âme en santé :

> Sœur Thérèse de l'Enfant Jésus. 20 ans. Novice et le bijou du Carmel, son cher Benjamin. Office de la peinture où elle excelle sans avoir jamais eu d'autres leçons que de voir travailler notre Révérende Mère, sa sœur chérie. Grande et forte avec un air d'enfant, un son de voix, une expression *idem,* voilant en elle une sagesse, une perfection, une perspicacité de cinquante ans. Âme toujours calme et se possédant parfaitement elle-même en tout et avec toutes. Petite sainte n'y touche à laquelle on donnerait le Bon Dieu sans confession, mais dont le bonnet est plein de malice à en faire à qui en voudra. Mystique, comique, tout lui va... elle saura vous faire pleurer de dévotion et tout aussi bien vous faire pâmer de rire en nos récréations » (OC, 43-44).

Ton temps de noviciat expire en septembre, mais tu en sollicites la prolongation. Deux de tes sœurs siégeant déjà au chapitre, tu n'auras jamais droit de vote et tu ne seras élue à aucune charge importante. Tu resteras toujours la plus jeune et la dernière, n'étant jamais une religieuse à part entière. Chargée de l'emploi de peintre, ta créativité va s'exprimer. Tu vas commencer à écrire de la poésie et des récréations pieuses, livrant par des symboles ce qu'il y a de plus profond en toi.

L'année de tes vingt et un ans est celle de Jeanne d'Arc, que Léon XIII déclare vénérable le 21 janvier 1894. Tu composes *La Mission de Jeanne d'Arc*, première de tes récréations pieuses ce même 21 janvier, en la fête de ta sœur, mère Agnès. Tu te documentes pour cette première tentative théâtrale où tu es auteur, metteur en scène et actrice.

Jeanne d'Arc te donne l'occasion de méditer sur son martyre. Morte à dix-neuf ans, tu veux imiter son amour. Comme elle, tu penses être née pour la gloire. Tu sens que le Seigneur te destine toi aussi à de grandes choses. Il y a une telle identification avec la sainte que la communauté applaudit en découvrant ton nouveau talent. C'est le début de nombreux cantiques sollicités par des sœurs.

Une autre pièce, *Jeanne d'Arc accomplissant sa mission,* sera jouée le 21 janvier 1895. Tu t'investis à fond dans cette longue pièce qui sera la plus applaudie par la communauté. On lit en filigrane des événements de ta vie. Tu faillis même être brûlée à la fin de la représentation par les réchauds destinés à figurer le bûcher de Rouen. Tu as le pressentiment que, comme elle, tu n'as pas besoin de rester longtemps sur la terre pour réaliser ta mission :

De ce bûcher la flamme est embrasée
Mais plus ardent est l'amour de ton Dieu
Bientôt pour toi, l'éternelle rosée
Va remplacer le supplice du feu (OC, 855).

Tu étais loin de penser que, le 3 mai 1944, tu serais proclamée patronne secondaire de la France, à l'égal de Jeanne d'Arc.

C'est quand tu incarnas Jeanne en prison que fut prise l'une de tes plus belles photos, je dirais la plus extraordinaire photo de sainte. Tu viens d'avoir vingt-deux ans. Tu portes une perruque châtaine et des fleurs de lys en papier cousues sur ta bure. Tes doigts effilés soutiennent ton visage au regard tendre qui semble dire la dernière strophe de ton beau poème *Vivre d'amour*, composé le 26 février 1895, soit un mois après cette photo :

Mourir d'Amour, voilà mon espérance
Quand je verrai se briser mes liens
Mon Dieu sera ma Grande Récompense
Je ne veux point posséder d'autres biens.
De son Amour je veux être embrasée
Je veux Le voir, m'unir à Lui toujours
Voilà mon Ciel... voilà ma destinée :
Vivre d'Amour... (OC, 670).

Prière

Thérèse,
toi qui as vécu d'amour toute ta vie,
dans les petites choses du quotidien,
là où se livre le vrai combat,
vois nos défaites et nos lâchetés,
c'est sur elles que nous nous appuyons
pour être forts de la seule victoire du Ressuscité.
Que son Esprit dilate nos âmes,
alors avec toi nous aimerons de l'amour
qui fait passer de la mort à la vie.

◆

Je veux chercher le moyen d'aller au Ciel par une petite voie bien droite

L E 14 SEPTEMBRE 1894, Céline te rejoint enfin au carmel à l'âge de vingt-cinq ans. Tu l'as attendue longtemps, après tant de lettres, de désirs, de prières. Le père Pichon voulait qu'elle mène une vie active à Béthanie, au Canada. Tu écris à ton directeur une lettre de reproche. Tu as toujours su que la place de Céline était au carmel. Dieu ne peut te mettre au cœur un tel désir sans le réaliser, mais parfois il aime faire attendre, pour donner davantage. Puis, tout le monde acquiesce. Jamais un carmel n'avait accueilli quatre sœurs de la même famille. Les voies de Dieu ne sont pas les nôtres.

Céline, devenue sœur Geneviève de Sainte-Thérèse, travaillera beaucoup à la diffusion de la petite voie, puisqu'elle mourra le 25 février 1959, à l'âge de quatre-vingt-dix ans, soit le même âge que Pauline, mère Agnès de Jésus, décédée le 28 juillet 1951. Ce sont dans les carnets spirituels de Céline que tu trouves, un soir d'automne 1894, les textes scripturaires décisifs pour l'élaboration de ta petite voie.

Après six années de vie carmélitaine, tu t'interroges toujours sur la sainteté. Lorsque tu te compares aux grands saints, dont on lit les vies au réfectoire, tu constates une différence aussi grande qu'entre une montagne et un grain de sable. Quoi faire devant Jeanne d'Arc, Thérèse d'Avila, François d'Assise? Te décourager? Ce mot n'est pas dans ton vocabulaire. Te résigner à la médiocrité? Ce n'est pas à la hauteur de tes aspirations. Comme toujours dans ces moments-là, tu ne te fies que sur Dieu seul : « Le Bon Dieu ne saurait inspirer des désirs irréalisables, je puis donc malgré ma petitesse aspirer à la sainteté » (OC, 237).

D'accord, mais comment vas-tu y arriver, puisque te grandir est impossible ? Par l'acceptation de ta petitesse qui te pousse à chercher une petite voie que tous peuvent suivre, un chemin qui n'implique ni extase ni pénitence particulière. « Je dois me supporter telle que je suis avec toutes mes imperfections, mais je veux chercher le moyen d'aller au Ciel par une petite voie bien droite, bien courte, une petite voie toute nouvelle » (OC, 237).

C'est l'unique endroit dans tes écrits où tu parles d'une « petite voie ». À noter que tu n'emploieras jamais l'expression « enfance spirituelle ». C'est mère Agnès qui, en 1907, utilisera pour la première fois l'expression « voie d'enfance spirituelle » pour qualifier ta spiritualité.

Comment marcheras-tu sur cette voie qui mène à la perfection ? Comment t'élèveras-tu jusqu'à Jésus ? En prenant l'ascenseur, invention de ton époque, qui deviendra l'image concrète de la petite voie. « Moi je voudrais aussi trouver un ascenseur pour m'élever jusqu'à Jésus, car je suis trop petite pour monter le rude escalier de la perfection » (OC, 237).

Tu avais découvert l'ascenseur lors de ton voyage à Rome. Cette image te donne l'intuition d'une voie nouvelle pour aller à Dieu, une voie directe et sans détour. Aujourd'hui, tu parlerais peut-être de fusée, d'ordinateur, de télécopieur, d'Internet qui nous permettent d'aller plus haut et plus vite, de communiquer directement entre nous.

J'aime cette image toute simple de l'ascenseur qui dénote chez toi un réalisme, une façon concrète de puiser dans la culture de ton temps pour te faire comprendre par tous et renouveler, à ton insu, le langage théologique et spirituel.

Quel est cet ascenseur qui va te permettre de t'élever jusqu'à Jésus? Tu vas trouver la réponse dans les carnets de Céline, où elle a copié des passages de la Bible, surtout l'Ancien Testament, dont ce verset 4 du chapitre 9 des Proverbes : «‹Si quelqu'un est tout petit, qu'il vienne à moi.› Alors je suis venue devinant que j'avais trouvé ce que je cherchais» (OC, 237-238).

Ce petit, c'est bien toi, aussi es-tu venue plus près de Dieu, pour mieux entendre son appel. Que va faire Dieu pour son petit? Sera-t-il lui-même l'ascenseur? La réponse se trouve au chapitre 66 du livre d'Isaïe, où il te livre son secret d'amour :

> «Comme une mère caresse son enfant, ainsi je vous consolerai, je vous porterai sur mon sein et je vous balancerai sur mes genoux!» Ah! jamais paroles plus tendres, plus mélodieuses, ne sont venues réjouir mon âme, l'ascenseur qui doit m'élever jusqu'au Ciel, ce sont vos bras, ô Jésus! Pour cela je n'ai pas besoin de grandir, au contraire il faut que je reste petite, que je le devienne de plus en plus (OC, 238).

Quelle libération! Ta petitesse, ton impuissance, ta faiblesse, voilà les moyens d'accéder à la sainteté, parce que c'est Jésus qui t'élève en te portant dans ses bras. Jésus devient une mère qui connaît bien la vulnérabilité de son enfant. Tu révèles ainsi un nouveau visage de Dieu. Il est amour, miséricorde, compassion. Ce qui semblait être un obstacle à l'amour devient le rendez-vous de l'amour.

En reconnaissant ta pauvreté, tu laisses Dieu être Père et Mère en toi, tu le laisses faire son travail de Dieu, il te rend sainte comme lui, c'est-à-dire amour. En te réjouissant de ta petitesse et de ton impuissance, l'amour miséricordieux peut s'exercer en toi en toute liberté. Plus tu te sens petite, plus Dieu t'aime.

Quelle révolution dans notre compréhension de la sainteté ! Quelle espérance, puisque notre impuissance est le signe de Son intervention ! Il ne s'agit plus de donner, mais de recevoir tout ce qu'il y a d'amour dans le cœur de Dieu, de se recevoir de lui comme il nous a toujours rêvés, de lui donner l'occasion de tout nous donner, soit lui-même. Dieu est juste en aimant. Sa justice se fond dans les flammes de sa miséricorde.

Il est terminé, le temps comptabilisé des grandes mortifications et des dérapages ascétiques. Il s'en est allé, le Dieu vengeur et les examens morbides de la conscience, l'effort surhumain à déployer pour escalader les échelles de la perfection et les degrés de la sainteté. Il est fini, le temps de rendre des comptes par des bonnes œuvres ou des techniques orgueilleuses qui donnent l'impression que l'on est parfait. Elles sont dépassées, les connaissances ésotériques réservées à quelques élus, les réincarnations successives pour pallier un manque de perfection, comme si l'amour n'était pas gratuit, comme s'il ne pouvait pas nous sauver une fois pour toutes.

L'heure n'est plus à la crainte, mais à l'amour de Dieu donné gratuitement à ceux qui sont assez pauvres pour l'accueillir. Il ne s'agit pas de penser beaucoup mais d'aimer beaucoup. Il est temps de vivre librement sous le regard amoureux d'un Dieu qui est Père, Fils et Esprit, un Dieu qui établit une relation de père à fils. L'heure n'est plus aux ténèbres occultes, mais à la lumière de l'enfant. L'heure est à la résurrection.

Désormais, pour bien marquer que rien ne sera comme avant, tu signes tes lettres par ces mots : la toute petite Thérèse. Tu es lancée sur les flots de la confiance et de l'amour, personne ne pourra t'arrêter. La petite voie de l'abandon est pour tous. Tu vas l'enseigner avec l'autorité de celle qui ouvre un nouveau chemin dans le domaine de la vie spirituelle.

En ce sens, tu ressembles à Jeanne d'Arc. Tu as l'intuition que tu amorces une ère nouvelle pour le cortège des petites âmes qui vont suivre, à commencer par les novices, les sœurs du carmel, les missionnaires, les amis de Lisieux, la France, le monde entier.

> Je comprends si bien qu'il n'y a que l'amour qui puisse nous rendre agréables au Bon Dieu que cet amour est le seul bien que j'ambitionne. Jésus se plaît à me montrer l'unique chemin qui conduit à cette fournaise Divine, ce chemin c'est l'abandon du petit enfant qui s'endort sans crainte dans les bras de son père... Ah ! si toutes les âmes faibles et imparfaites sentaient ce que sent la plus petite de toutes les âmes, l'âme de votre petite Thérèse, pas une seule ne désespérerait d'arriver au sommet de la montagne de l'amour, puisque Jésus ne demande pas de grandes actions, mais seulement l'abandon et la reconnaissance (OC, 220).

Prenons l'ascenseur pour arriver au sommet de la montagne ! Cette image de l'ascenseur nous montre clairement que Dieu fait tout, que la primauté n'est plus accordée à nos efforts et à nos vertus mais à l'action permanente de Dieu en nous. Voilà la vraie mystique enfin restituée à tous et la sainteté accessible à tous. Qui refusera de prendre cet ascenseur de l'amour ? Qui se laissera enfin aimer par Dieu ? Qui répondra à l'invitation que tu lances à la fin du *Manuscrit B* ?

> Ô Jésus ! que ne puis-je dire à toutes les petites âmes combien ta condescendance est ineffable... je sens que si par impossible tu trouvais une âme plus faible, plus petite que la mienne, tu te plairais à la

combler de faveurs plus grandes encore, si elle s'abandonnait avec une entière confiance à ta miséricorde infinie. Mais pourquoi désirer communiquer tes secrets d'amour, ô Jésus, n'est-ce pas toi seul qui me les as enseignés et ne peux-tu pas les révéler à d'autres?... Oui je le sais, et je te conjure de le faire, je te supplie d'abaisser ton regard divin sur un grand nombre de petites âmes... Je te supplie de choisir une légion de petites victimes dignes de ton Amour (OC, 232)...

Prière

Thérèse,
toi qui as avancé librement vers le Dieu-Père
dans la confiance d'un enfant qui se sait aimé,
fais que nous ne résistions pas à son envahissement,
que nous ne comptions pas sur nos propres efforts,
pour ne pas ravir à Dieu sa joie de nous aimer.
Apprends-nous l'acceptation de notre petitesse,
afin que surabonde en nous le vin de sa miséricorde
jusqu'au jour des noces éternelles.

◆

Je m'offre comme victime d'holocauste à l'Amour miséricordieux

L'ANNÉE 1895 EST CELLE DE LA MATURITÉ. L'ascenseur te permet d'être en ligne directe avec Jésus. Tu es comme une flamme aspirée par la force de l'amour. On te demande des poésies, des lettres, des récréations. Tu écris beaucoup, prenant au temps le peu d'heures libres. Tu écris surtout tes souvenirs. Ce sera le *Manuscrit A,* demandé par mère Agnès de Jésus.

Tu y chantes les miséricordes du Seigneur, sans t'inquiéter du style. Ces petits cahiers t'accompagneront jusqu'en janvier 1896, où tu les remets à mère Agnès, sans chercher à connaître ses réactions. En obéissant, tu as fait plaisir à Jésus, le reste t'importe peu. Mère Agnès ne lira que plus tard tes six petits cahiers; elle ne se doute pas qu'elle a entre les mains le best-seller religieux du XXᵉ siècle.

Ce que tu es, ce que tu écris, ce que tu fais, alimentent ton union avec Jésus. En aimant Jésus, tu connais Dieu comme Père, et plus tu le connais, plus tu te connais toi-même. Tu veux lui prouver encore plus ton amour, car tu reçois «la grâce de comprendre plus que jamais combien Jésus désire être aimé» (OC, 212). Que dois-tu encore faire pour combler Jésus? T'offrir en victime d'holocauste à l'amour miséricordieux.

Tu en as l'inspiration le 9 juin 1895, durant la messe de la Sainte-Trinité. Cela devient une conviction profonde. Tu en parles à Céline, puis tu demandes la permission à mère Agnès de t'offrir avec Céline comme victime d'holocauste à l'Amour miséricordieux ; tu ajoutes « holocauste » pour bien montrer que tu veux être consumée en Dieu par sa « vive flamme d'amour ».

Il n'est pas question de t'offrir comme victime à la justice de Dieu pour sauver les pécheurs, comme cela se faisait à l'époque. C'était un peu la mode de pallier ainsi la colère divine. Cela est aux antipodes de ta petite voie. Tu as l'audace de ne pas suivre l'exemple des autres. Il n'est pas question de vouloir souffrir mais d'aimer toujours plus.

> Ô mon Dieu ! votre Amour méprisé va-t-il rester en votre Cœur ? Il me semble que si vous trouviez des âmes s'offrant en Victimes d'holocaustes à votre Amour, vous les consumeriez rapidement, il me semble que vous seriez heureux de ne point comprimer les flots d'infinies tendresses qui sont en vous (OC, 212).

Tu rédiges ton acte d'offrande et, le 11 juin, agenouillée avec Céline devant la statue de la Vierge du sourire, tu le prononces pour toi et ta sœur. Les novices feront aussi la même offrande. Des prêtres examinent ta prière et l'approuvent. L'Église reconnaît ainsi ton acte d'offrande. N'est-ce pas une exigence de notre être de baptisé que la consécration spirituelle, l'offrande de notre être à Dieu ?

Ton génie apparaît dans cette prière de grande élévation mystique qui marque un tournant dans l'histoire de la spiritualité. Compte tenu de son importance, je la cite entièrement, telle que tu l'as rédigée, à la fin de 1896, pour mère Agnès.

Offrande de moi-même comme Victime d'Holocauste à l'Amour miséricordieux du Bon Dieu

Ô mon Dieu ! Trinité Bienheureuse, je désire vous Aimer et vous faire aimer, travailler à la glorification de la Sainte

Église en sauvant les âmes qui sont sur la terre et en délivrant celles qui souffrent dans le purgatoire. Je désire accomplir parfaitement votre volonté et arriver au degré de gloire que vous m'avez préparé dans votre royaume, en un mot, je désire être Sainte, mais je sens mon impuissance et je vous demande, ô mon Dieu! d'être vous-même ma Sainteté.

Puisque vous m'avez aimée jusqu'à me donner votre Fils unique pour être mon Sauveur et mon Époux, les trésors infinis de ses mérites sont à moi, je vous les offre avec bonheur, vous suppliant de ne me regarder qu'à travers la Face de Jésus et dans son Cœur brûlant d'Amour.

Je vous offre encore tous les mérites des Saints (qui sont au Ciel et sur la terre), leurs actes d'Amour et ceux des Saints Anges; enfin je vous offre, ô Bienheureuse Trinité! l'Amour et les mérites de la Sainte Vierge, ma Mère chérie, c'est à elle que j'abandonne mon offrande, la priant de vous la présenter. Son divin Fils, mon Époux Bien-Aimé, aux jours de sa vie mortelle, nous a dit: « Tout ce que vous demanderez à mon Père, en mon nom, il vous le donnera! » Je suis donc certaine que vous exaucerez mes désirs; je le sais, ô mon Dieu! (plus vous voulez donner, plus vous vous faites désirer). Je sens en mon cœur des désirs immenses et c'est avec confiance que je vous demande de venir prendre possession de mon âme. Ah! je ne puis recevoir la Sainte Communion aussi souvent que je le désire, mais, Seigneur, n'êtes-vous pas Tout-Puissant?... Restez en moi, comme au tabernacle, ne vous éloignez jamais de votre petite hostie...

Je voudrais vous consoler de l'ingratitude des méchants et je vous supplie de m'ôter la liberté de vous déplaire, si par faiblesse je tombe quelquefois qu'aussitôt votre Divin Regard purifie mon âme consumant toutes mes imperfections, comme le feu qui transforme toute chose en lui-même...

Je vous remercie, ô mon Dieu! de toutes les grâces que vous m'avez accordées, en particulier de m'avoir fait passer par le creuset de la souffrance. C'est avec joie que je vous contemplerai au dernier jour portant le sceptre de la Croix; puisque vous avez daigné me donner en partage cette Croix si précieuse, j'espère au Ciel vous ressembler et voir briller sur mon corps glorifié les sacrés stigmates de votre Passion...

Après l'exil de la terre, j'espère aller jouir de vous dans la Patrie, mais je ne veux pas amasser de mérites pour le Ciel, je veux travailler pour votre seul Amour, dans l'unique but de vous faire plaisir, de consoler votre Cœur Sacré et de sauver des âmes qui vous aimeront éternellement.

Au soir de cette vie, je paraîtrai devant vous les mains vides, car je ne vous demande pas, Seigneur, de compter mes œuvres. Toutes nos justices ont des taches à vos yeux. Je veux donc me revêtir de votre propre Justice et recevoir de votre Amour la possession éternelle de Vous-même. Je ne veux point d'autre Trône et d'autre Couronne que Vous, ô mon Bien-Aimé!...

À vos yeux le temps n'est rien, un seul jour est comme mille ans, vous pouvez donc en un instant me préparer à paraître devant vous...

Afin de vivre dans un acte de parfait Amour, je m'offre comme victime d'holocauste à votre Amour miséricordieux, vous suppliant de me consumer sans cesse, laissant déborder en mon âme les flots de tendresse infinie qui sont renfermés en vous et qu'ainsi je devienne Martyre de votre Amour, ô mon Dieu!...

Que ce martyre après m'avoir préparée à paraître devant vous me fasse enfin mourir et que mon âme s'élance sans retard dans l'éternel embrassement de Votre Miséricordieux Amour...

Je veux, ô mon Bien-Aimé, à chaque battement de mon cœur vous renouveler cette offrande un nombre infini de fois, jusqu'à ce que les ombres s'étant évanouies je puisse vous redire mon Amour dans un Face-à-Face Éternel !... (OC, 962-964)

Marie, Françoise, Thérèse de l'Enfant-Jésus
et de la Sainte-Face
rel. carm. ind.
Fête de la Très Sainte-Trinité
Le 9 juin de l'an de grâce 1895

Le feu de l'Esprit Saint a remplacé l'ascenseur, mais c'est toujours la même confiance, le même désir, le même rebondissement dans l'espérance, le même accueil de l'amour. La table de la miséricorde surabonde à partir de ton néant. Tu reçois tout ce qu'il y a d'amour dans le cœur du Père parce qu'il tire tout l'amour qu'il y a dans ta petitesse. Tu contiens Dieu à même tes mains vides. Ton secret est de croire à l'amour. D'autres après toi croiront aussi à l'amour et reprendront ton acte d'offrande, dont deux de tes filles spirituelles les plus illustres, la carmélite Élisabeth de la Trinité et la stigmatisée Marthe Robin.

Quelques jours plus tard, Dieu confirme l'acceptation de ton offrande en te blessant d'un dard de feu. Notre Dieu n'est-il pas un feu dévorant (Hé 12,29) ? En ce vendredi de juin 1895, Dieu se livre à toi comme jamais, un court instant, un moment d'éternité, avant que tu ne retombes dans ta sécheresse habituelle. Tu en fais le récit à mère Agnès le 7 juillet 1897.

Eh bien ! je commençais mon Chemin de Croix, et voilà que tout à coup, j'ai été prise d'un si violent amour pour le bon Dieu que je ne puis expliquer cela qu'en disant que c'était comme si on m'avait plongée tout entière dans le feu. Oh ! quel feu et quelle douceur en même temps ! Je brûlais d'amour et je sentais qu'une minute, une seconde de plus, je n'aurais pu supporter cette ardeur sans mourir. J'ai compris alors ce que disent les saints de ces états qu'ils ont expérimentés si souvent. Pour moi, je ne l'ai éprouvé qu'une fois et qu'un seul instant, puis je suis retombée aussitôt dans ma sécheresse habituelle (OC, 1027).

À la récréation de Noël 1895, tu écris une pièce où l'Enfant-Jésus vient mendier le cœur de chaque carmélite. Dieu fait enfant brûle de se donner. Dieu démuni mendie notre «oui». Dieu est un mendiant d'amour qui ne s'impose pas mais qui attend que nous nous ouvrions à son feu d'amour.

Depuis ton offrande à l'amour, Dieu te transforme à son image. À la fin du *Manuscrit A,* tu chavires dans l'océan d'un tel amour purificateur :

Ma Mère chérie, vous qui m'avez permis de m'offrir ainsi au Bon Dieu, vous savez les fleuves ou plutôt les océans de grâces qui sont venus inonder mon âme... Ah! depuis cet heureux jour, il me semble que l'Amour me pénètre et m'environne, il me semble qu'à chaque instant cet Amour Miséricordieux me renouvelle, purifie mon âme et n'y laisse aucune trace de péché (OC, 212).

Prière

Thérèse,
apprends-nous à nous offrir à l'amour miséricordieux,
puisque c'est le désir de Dieu de nous voir heureux.
Notre faiblesse nous donne la force de cette offrande,
notre pauvreté nous ouvre à tout ce qu'il veut nous donner,
notre impuissance attire en nous sa miséricorde infinie.
Qu'il consume tout ce qui ne vient pas de lui,
qu'il embrase toutes nos blessures,
qu'il nous purifie du feu de son amour,
et nous serons guéris.

◆

Je chante simplement
ce que je veux croire

L E 21 MARS 1896, mère Marie de Gonzague est élue prieure après sept tours de scrutin. Elle te nomme maîtresse auxiliaire du noviciat. Voyant que cette tâche est au-dessus de tes forces, tu t'abandonnes :

> Ma Mère, depuis que j'ai compris qu'il m'était impossible de rien faire par moi-même, la tâche que vous m'avez imposée ne me parut plus difficile, j'ai senti que l'unique chose nécessaire était de m'unir de plus en plus à Jésus et que le reste me serait donné par surcroît (OC, 264).

Toujours la petite voie de la confiance en s'abandonnant dans les bras de Jésus. Tu as compris que lui seul peut te donner la force de mener à terme ce qu'il attend de toi. Il fait tout en toi, voilà ta conviction profonde.

Chaque jour, tu rassembles pendant une demi-heure les cinq jeunes sœurs du noviciat, dont ta sœur Céline et ta cousine Marie Guérin (sœur Marie de l'Eucharistie), cette dernière étant entrée au carmel le 15 août 1895. Tu les instruis des coutumes de la vie religieuse et tu réponds à leurs questions, le tout dans un style vivant qui invite à un échange et à une saine émulation.

Tu reprends leurs torts, ne laissant rien passer, même si cela te coûte : « J'aimerais mille fois mieux recevoir des reproches que d'en faire aux autres » (OC, 265). Tu sens que pour faire du bien d'une manière surnaturelle « il faut absolument oublier ses goûts, ses conceptions personnelles et guider les âmes par le chemin que Jésus leur a tracé, sans essayer de les faire marcher par sa propre voie » (OC, 265).

En bonne pédagogue, tu racontes des histoires et tu inventes des paraboles pour mieux te faire comprendre. Tu connais la puissance des images et des exemples qui vont plus directement au cœur que les concepts. Tu tires profit de tout ce que la vie t'apporte pour inviter tes novices à prendre le chemin de la conversion et de l'amour. En instruisant les autres, tu apprends beaucoup :

> J'ai vu d'abord que toutes les âmes ont à peu près les mêmes combats, mais qu'elles sont si différentes d'un autre côté que je n'ai pas de peine à comprendre ce que disait le Père Pichon : « Il y a bien plus de différence entre les âmes qu'il n'y en a entre les visages. » Aussi est-il impossible d'agir avec toutes de la même manière (OC, 266).

Céline a bien montré ton quotidien de maîtresse des novices dans son très touchant recueil *Conseils et Souvenirs* que tous devraient lire.

Plusieurs sœurs diront après ta mort que tu aurais fait une excellente prieure. Ce n'était pas ton chemin. Le tien sera court, mais il n'en sera pas moins un chemin de croix qui commence le vendredi saint 3 avril 1896 et durera les dix-huit derniers mois de ta vie. Un signe marque ton entrée dans les épaisses ténèbres, cette nuit du néant qui t'amènera aux gouffres du doute et du désespoir.

Après avoir veillée au reposoir du jeudi saint, tu rentres dans ta cellule pour te coucher, tu poses la tête sur l'oreiller, tu sens alors un flot qui monte en bouillonnant jusqu'à tes lèvres.

« Je ne savais pas ce que c'était, mais je pensais que peut-être j'allais mourir et mon âme était inondée de joie » (OC, 240).

Ce sont les premières hémoptysies annonciatrices de la tuberculose pulmonaire. Tout ce sang vomi, tu le vois comme un appel de Jésus, un signe de ta résurrection prochaine : « Ah ! mon âme fut remplie d'une grande consolation, j'étais intimement persuadée que Jésus au jour anniversaire de sa mort voulait me faire entendre un premier appel » (OC, 240).

Cette joie, née de l'espérance d'être bientôt auprès de Jésus, disparaît soudainement. C'est le désarroi total. Tu ne vis pas la Pâque du Ressuscité, tu restes dans sa Passion, dans l'absence du samedi saint, où Dieu est mort. Tu te retrouves en enfer, partageant sans trop le savoir le même courant d'incroyance de tes contemporains comme Nietzsche, Marx, Renan. Tu essaies de comprendre :

> Jésus m'a fait sentir qu'il y a véritablement des âmes qui n'ont pas la foi… Il permit que mon âme fût envahie des plus épaisses ténèbres et que la pensée du Ciel si douce pour moi ne soit plus qu'un sujet de combat et de tourment… Il faut avoir voyagé sous ce sombre tunnel pour en comprendre l'obscurité (OC, 241).

Tu parles de ces « épaisses ténèbres » à ta prieure, mère Marie de Gonzague. À la suggestion de mère Agnès, elle te demandera, le 3 juin 1897, de poursuivre ton autobiographie, ce qui nous vaut le *Manuscrit C,* où tu mentionnes, entre autres, les tourments de ce « sombre tunnel ». C'est donc malade que tu écris péniblement ce que tu ne comprends pas : « Ma main tremblait de telle sorte qu'il m'a été impossible de continuer » (OC, 244).

Tu as toujours voulu sauver les âmes de tes enfants pour Jésus, à commencer par celle de Pranzini. Maintenant ce ne sont plus tes enfants, mais tes frères. Tu es leur égale, partageant avec eux la même table. Ton écriture devient prière :

> Mais Seigneur, votre enfant l'a comprise votre divine lumière, elle vous demande pardon pour ses frères, elle accepte de manger aussi longtemps que vous le voudrez le pain de la douleur et ne veut point se lever de cette table remplie d'amertume où mangent les pauvres pécheurs avant le jour que vous avez marqué (OC, 242).

Tu veux manger seule « le pain de l'épreuve » (OC, 242) pour que ceux « qui ne sont point éclairés du lumineux flambeau de la Foi le voient luire enfin » (OC, 242). Encore ici, tu ne te regardes pas souffrir, tu offres tes ténèbres pour les autres. Cela t'aide à traverser cette nuit du néant où croire est si difficile : « Tout en n'ayant pas la jouissance de la Foi, je tâche au moins d'en faire les œuvres. Je crois avoir fait plus d'actes de foi depuis un an que pendant toute ma vie » (OC, 243). Cette prière de foi en témoigne : « Mon Dieu, avec le secours de votre grâce je suis prête à verser tout mon sang pour affirmer ma foi » (OC, 974).

Personne ne se doute des tourments qui t'assaillent. Tu es gaie, souriante, rendant toujours des petits services. Ce grand courage relève principalement de trois attitudes. L'offrande : tu offres ta souffrance pour tes frères ; l'amour : tu veux aimer au-delà de tout sentiment ; l'abandon : tu ne t'en remets qu'à Dieu seul qui t'aime éternellement. En un mot, tu continues à vivre comme si rien ne te troublait. Ta volonté de croire, d'espérer et d'aimer est mise à rude épreuve, mais tu chantes ce que tu veux croire, en ne ressentant rien.

> Ma Mère bien-aimée, je vous parais peut-être exagérer mon épreuve, en effet si vous jugez d'après les sentiments que j'exprime dans les petites poésies que j'ai composées cette année, je dois vous sembler une âme remplie de consolations et pour laquelle le voile de la foi s'est presque déchiré, et cependant... ce n'est plus un voile pour

moi, c'est un mur qui s'élève jusqu'aux cieux et couvre le firmament étoilé… Lorsque je chante le bonheur du Ciel, l'éternelle possession de Dieu, je n'en ressens aucune joie, car je chante simplement ce que je veux croire (OC, 243-244).

Alors que le flambeau de la foi n'éclaire plus ton cœur et que l'espérance semble éteinte, une autre lumière se lève qui te fait manger à la table des pécheurs, un flambeau qui guidera désormais tes pas dans cette vie et dans l'autre : « Il me semble que ce flambeau représente la charité » (OC, 250). La flamme de la charité qui brûle ton cœur te poussera à écrire : « Je serai l'Amour » (OC, 226).

En digne fille de Jean de la Croix, docteur de l'amour, il te fallait passer par la nuit des sens, puis par celle de l'esprit, où, la foi et l'espérance étant disparues, seul reste l'amour : « Je ne compte plus que sur l'amour » (OC, 599).

Dans ta nuit où s'élève un mur entre le Ciel et la terre, où tu ne vois et ne ressens plus rien, tu ne refuses pas d'être aimée par Dieu. Tu prends cet amour de la table de Dieu pour l'offrir à la table des pécheurs. Tu descends dans l'enfer de ceux qui n'aiment pas et qui ne se laissent pas aimer. Dans ce désert de l'âme, ton espérance est ébranlée. À la suite de Jésus, tu cries : « Mon Dieu, mon Dieu, pourquoi m'as-tu abandonnée ? »

Certes, tu croies toujours que Dieu existe, là n'est pas ton angoisse. Les démons reconnaissent aussi l'existence de Dieu. Ce qui te fait le plus mal, c'est que tu es touchée au plus intime de ton désir ; tu doutes de la vie éternelle. L'objet de ton désir t'est enlevé. Tu n'as plus de désirs, plus de consolations, plus de goût pour le Ciel. Ta vive espérance est crucifiée. Comment peux-tu faire du bien après ta mort s'il n'y a plus de Ciel ?

Désormais, il faudra espérer contre toute espérance: «Ma folie à moi, c'est d'espérer que ton Amour m'accepte comme victime» (OC, 231). Tu n'as plus rien sur quoi t'appuyer. Il ne te reste que ta petite voie, ton impuissance et ta confiance contre l'orgueil et la révolte.

> Lorsque je veux reposer mon cœur fatigué des ténèbres qui l'entourent par le souvenir du pays lumineux vers lequel j'aspire mon tourment redouble, il me semble que les ténèbres empruntant la voix des pécheurs me disent en se moquant de moi: «Tu rêves la lumière, une patrie embaumée des plus suaves parfums, tu rêves la possession éternelle du Créateur de toutes ces merveilles, tu crois sortir un jour des brouillards qui t'environnent, avance, avance, réjouis-toi de la mort qui te donnera non ce que tu espères, mais une nuit plus profonde encore, la nuit du néant...» Je ne veux pas en écrire plus long, je craindrais de blasphémer... (OC, 242-243).

Tu apprends ainsi à ne t'en remettre qu'à Dieu seul. Tu avances comme une enfant sans défense, brandissant ton «tout est grâce» (OC, 1009) à la face de ceux qui proclament que «Dieu est mort». Ce que tu vis, ce que tu souffres, est le lot de tant de gens qui cherchent dans la nuit un sens à leur vie et qui n'ont pour réponse que le silence de Dieu. Pourtant, c'est de ce désert intérieur que l'absence apparente de Dieu peut se changer en présence, et les ténèbres en lueurs pascales.

Ta confiance absolue en la miséricorde divine renverse la mentalité de ton temps; il ne s'agit plus d'être quelqu'un de bien, de vertueux, de pur pour être chrétien, mais d'être démuni, faible, perdu. Voilà le cœur de l'Évangile. Jésus n'a pas dit autre chose: «Ce ne sont pas les gens bien portants qui ont besoin de médecin, mais les malades. Je ne suis pas venu appeler les justes, mais les pécheurs» (Mc 2,17); «Car le Fils de l'homme est venu chercher et sauver ce qui était perdu» (Lc 19,10).

Prière

Thérèse,
ta nuit a devancé celle de l'Église et du monde,
pour l'ouvrir à une espérance plus dépouillée.
Avec toi, nous offrons à Jésus cette nuit,
qu'elle soit transfigurée dans son cœur ouvert !
Que nous portions nos croix avec ceux qui doutent,
que nous mangions tous à la même table,
même si le Ciel nous est parfois voilé,
alors ta joie nous sera donnée,
la joie du don de l'amour.

◆

Je serai l'Amour

L E MOT « AMOUR » est celui qui revient le plus souvent dans tes écrits. Il est souvent lié à la miséricorde de Dieu, le pôle central de ta vie. Ici, tu vas jusqu'à t'identifier au Dieu amour : « Je serai l'Amour » (OC, 226). Parole de l'Esprit Saint ! Assurément. Parole d'une fille du vent divin qui bientôt rendra le souffle pour passer sur l'autre rive. Parole qui m'est légère comme la brise du matin, brûlante comme le soleil du midi, silencieuse comme la paix du soir.

« Je serai l'Amour », parole de feu qui résume ta vocation dans l'Église. Parole qui chante dans ton cœur un nom : Jésus, le Fils de Dieu. « Je serai l'Amour », c'est-à-dire je serai Jésus, je serai Dieu, je serai tout. N'est-ce pas ce que plusieurs Pères de l'Église ont affirmé : Dieu s'est fait homme pour que l'homme se fasse Dieu !

Cette parole est tirée d'une lettre à sœur Marie du Sacré-Cœur, ta sœur aînée et ta marraine. Elle te demande des éclaircissements sur ta « petite doctrine » (OC, 221). Tu lui réponds le 8 septembre 1896, durant ta retraite privée qui sera la dernière. Ce texte est plutôt une lettre d'amour à Jésus. Il deviendra le fameux *Manuscrit B,* ton texte le plus mystique, avec *L'Acte d'offrande à l'Amour.* Ce chef-d'œuvre de littérature chrétienne culmine dans la découverte de ta vocation personnelle :

> Je compris que l'Amour renfermait toutes les Vocations, que l'Amour était tout, qu'il embrassait tous les temps et tous les lieux… en un mot qu'il est éternel !… Alors dans l'excès de ma joie délirante

je me suis écriée : Ô Jésus mon Amour... ma vocation enfin je l'ai trouvée, ma vocation, c'est l'Amour !... Oui j'ai trouvé ma place, dans l'Église et cette place, ô mon Dieu, c'est vous qui me l'avez donnée... dans le Cœur de l'Église, ma Mère, je serai l'Amour... ainsi je serai tout... ainsi mon rêve sera réalisé ! ! !... (OC, 226).

Ces propos brûlants d'amour et de reconnaissance sont audacieux. Ta marraine trouve peut-être ces pages exagérées : « Je vous assure qu'il n'est aucune exagération dans ma petite âme, que tout y est calme et reposé » (OC, 221). Quelques jours plus tard, tu rédiges une introduction à la lettre, le *Manuscrit B*, où tu mets les choses au point : « Ne croyez pas que je nage dans les consolations, oh non ! ma consolation c'est de n'en pas avoir sur la terre. Sans se montrer, sans faire entendre sa voix Jésus m'instruit dans le secret » (OC, 219).

Après cette introduction, Jésus t'invite à lui écrire directement ce qui te consume. Au début, tu le vouvoies : « Ô Jésus, mon Bien-Aimé ! qui pourra dire avec quelle tendresse, quelle douceur vous conduisez ma petite âme » (OC, 222) ? Tu lui rappelles le rêve où tu as vu mère Anne de Jésus, fondatrice du carmel en France, qui confirmait que tu mourras bientôt et que Jésus était content de toi. Puis, ta plume se fait alerte, le ton est plus familier :

Être ton épouse, ô Jésus, être carmélite, être par mon union avec toi, la mère des âmes, devrait me suffire... il n'en est pas ainsi... Sans doute, ces trois privilèges sont bien ma vocation, Carmélite, Épouse et Mère, cependant je sens en moi d'autres vocations, je me sens la vocation de Guerrier, de Prêtre, d'Apôtre, de Docteur, de Martyr... Ô Jésus ! mon amour, ma vie... comment allier ces contrastes ? Comment réaliser les désirs de ma pauvre petite âme (OC, 224) ?

Tu as toutes les vocations dans ton cœur. Guerrier, tu combats tout ce qui ne vient pas de Dieu ; prêtre, tu donnes Jésus aux âmes en t'offrant pour les pécheurs ; apôtre, tu prêches son nom à ta façon et tu soutiens deux frères missionnaires qui te sont confiés, l'abbé Maurice Bellière depuis le 17 octobre 1895 et le père Roulland depuis le 30 mai 1896 ; docteur, tu enseignes ta petite voie à tous ; martyr, c'est ton désir le plus cher, le sommet de l'amour.

Toutes ces vocations qui se bousculent en toi te font découvrir que la valeur d'une telle forme de vie ne tient pas à son degré de séparation du monde, mais à sa qualité d'union à Dieu et de service auprès des autres. L'essentiel est d'être un authentique disciple du Christ, une « hostie vivante, sainte, agréable à Dieu » (Rm 12,1).

Le martyre des désirs te laisse dans la nuit de la foi, où tu cherches la vérité. « Jésus, éclaire-moi, tu le sais, je cherche la vérité… si mes désirs sont téméraires, fais-les disparaître car ces désirs sont pour moi le plus grand des martyres » (OC, 229).

Tu veux être missionnaire, mais une seule mission dans un continent ne te suffit pas. « Je voudrais être missionnaire non seulement pendant quelques années, mais je voudrais l'avoir été depuis la création du monde et l'être jusqu'à la consommation des siècles » (OC, 224). Un seul genre de martyre ne te convient pas non plus : « Pour me satisfaire il me les faudrait tous » (OC, 225).

Ces désirs sont une façon pour toi de défier le néant et de faire un bond en Dieu. De ta nuit va jaillir une des plus belles pages de spiritualité, comme Jean de la Croix va écrire ses plus grands cantiques au fond d'un cachot, et François d'Assise, aveugle, va composer son *Cantique des créatures* : « Béni sois-tu, Seigneur, pour frère soleil… »

L'espérance jaillit de la nuit, du vide, du désert, de l'échec, de la mort… Cette petite fille espérance de rien du tout, comme disait Péguy, qui marche légère entre ses deux grandes sœurs, la foi et la charité, soulève le monde. Jean de la Croix a bien raison : «On obtient de Dieu autant qu'on en espère.»

Tu espères beaucoup, tu obtiens beaucoup :

Ô mon Jésus ! à toutes mes folies que vas-tu répondre ?… Y a-t-il une âme plus petite, plus impuissante que la mienne !… Cependant à cause même de ma faiblesse, tu t'es plu, Seigneur, à combler mes petits désirs enfantins, et tu veux aujourd'hui, combler d'autres désirs plus grands que l'univers (OC, 225).

La réponse va venir des chapitres 12 et 13 de la première épître de saint Paul aux Corinthiens. L'Église est décrite comme un corps ; chacun des membres a sa fonction, sa place, son importance. À l'invitation de l'apôtre, tu recherches les dons les plus parfaits. Comme tu ne te reconnais dans aucun membre du Corps mystique, tu en seras le cœur.

Être le cœur de l'Église, c'est être l'amour qui fait vivre l'Église. Si le cœur ou l'amour viennent à manquer, les apôtres, prêtres, docteurs, martyrs ne pourront pas agir. Alors tu comprends que l'amour renferme toutes les vocations. Et ton cri déchire la nuit du néant : «Ma vocation, c'est l'Amour… Dans le Cœur de l'Église, ma Mère, je serai l'Amour» (OC, 226).

Voilà ce qu'il fallait pour toi qui choisis tout, rien de moins qu'être l'amour au cœur de l'Église. Ton rêve est réalisé. Tes désirs sont assouvis. Tu vois le «phare lumineux de l'amour» (OC, 226). Tu as trouvé le secret pour t'approcher de la flamme de l'amour : «C'est ma faiblesse même qui me donne l'audace de m'offrir en Victime à ton Amour» (OC, 226).

Saint Bernard affirmait que la mesure d'aimer Dieu, c'est de l'aimer sans mesure. Cela te convient à merveille. Tu t'abaisses à un tel point que ton néant est consumé dans l'amour. « Ô Jésus, je le sais, l'amour ne se paie que par l'amour, aussi j'ai cherché, j'ai trouvé le moyen de soulager mon cœur en te rendant Amour pour Amour » (OC, 227). En aimant Jésus sans mesure, lui qui a donné sa vie pour son Église, et surtout en te laissant aimer sans mesure par lui, toutes les audaces te sont permises, comme lorsque tu diras : « Eh bien ! moi je suis l'Enfant de l'Église » (OC, 227).

L'amour est le secret de ta vie, mais pas n'importe quel amour. Ce n'est pas une idée abstraite, un idéal éthéré, une sensation physique, une idolâtrie de l'amour. Tu n'aimes pas pour la seule jouissance d'aimer. Tu n'aimes pas une image de l'amour. Tu aimes Jésus, le Fils de Dieu, l'objet de ton désir. Tu l'aimes d'amitié, en lui voulant du bien, en faisant son plaisir, en l'attendant dans la nuit.

Jésus fait la même chose pour toi, il veut ton bonheur éternel, il prend sa joie en toi, il devient la source de ton être, il t'attend. Cet amour de réciprocité et d'échange te décentre de toi-même pour que tu te tournes vers Jésus, le Verbe de Dieu, éternellement tourné vers le Père dans l'Esprit. Tu entres en toi pour mieux rayonner et déborder de l'amour trinitaire. Tu es l'amour, parce que tu vis d'amour en Dieu Père, Fils et Esprit. C'est ce que tu exprimes dans la deuxième strophe du poème *Vivre d'Amour* :

Vivre d'Amour, c'est te garder Toi-Même
Verbe incréé, Parole de mon Dieu,
Ah ! tu le sais, Divin Jésus, je t'aime
L'Esprit d'Amour m'embrase de son feu

C'est en t'aimant que j'attire le Père
Mon faible cœur le garde sans retour.
Ô Trinité ! vous êtes Prisonnière
De mon Amour (OC, 667).

L'amour n'est rien pour toi s'il n'est pas enflammé par une espérance qui te porte vers l'objet de ton désir : Jésus. L'amour n'a aucun intérêt s'il n'est pas attiré par un secret qui t'habite : Jésus. Le secret de ton amour est un nom, une personne, un visage, une trace que tu contemples en secret dans la nuit de ta foi. Il est un feu brûlant sur tes lèvres, une attention soutenue de ton cœur, un regard de tendresse posé sur toi à chaque instant. Tu ne te regardes pas, tu le regardes, lui, l'Amour, au-delà de ton besoin d'aimer et d'être aimée, et tu nous entraînes avec toi en lui.

Alain Cavalier, dans son film intimiste *Thérèse,* a voulu filmer des parcelles de ta vie avec un grand dépouillement de moyens. Alors que les caméras dévoilent surtout les corps, celle de Cavalier nous montre ton âme. Ce film suggère bien l'amour divin qui s'est emparé de toi dès le plus jeune âge pour qu'un jour tu ne fasses plus qu'un dans cet amour. Il capte de l'intérieur ta folie de l'amour qui te fait écrire : « Je serai l'Amour. »

De Léon XIII à Jean-Paul II, tu en as fait du chemin au cœur de l'Église. Canonisée en 1925 par Pie XI, il te proclamera patronne des missions et des missionnaires, à l'égal de François-Xavier, le 14 décembre 1927, alors que tu n'es jamais sortie du carmel. Jean-Paul II se rendra en pèlerinage à Lisieux le 2 juin 1980. Et bientôt, ne seras-tu pas reconnue officiellement docteur de l'Église ! « Ah ! malgré ma petitesse, je voudrais éclairer les âmes comme les Prophètes, les Docteurs » (OC, 224).

C'est ce que je ressens en voyant cette photo de juillet 1896, où tu tiens en main un rouleau sur lequel est écrit cette parole d'un autre docteur, Thérèse d'Avila : «Je donnerais mille vies pour sauver une seule âme.» L'ouvrage que tu tiens dans l'autre main t'a été donné par ton frère spirituel, le père Roulland : *La Mission du Su-Tchuen au XVIIIe siècle. Vie et apostolat de Mgr Pottier.* En vivant ton humble existence de carmélite, tu participes à l'apostolat de ton frère missionnaire. Oui, tu as vraiment toutes les vocations en Jésus, ton seul amour qui te donne son cœur pour que tu l'aimes en vérité.

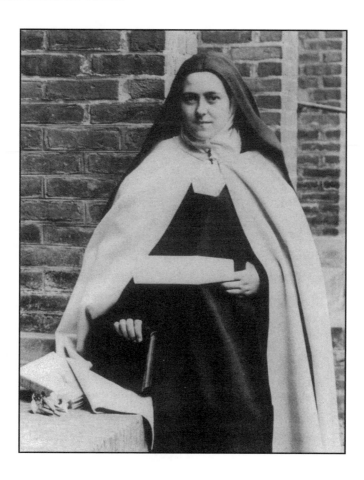

Rappelle-toi que je veux sur la terre
Te consoler de l'oubli des pécheurs.
Mon seul Amour, exauce ma prière
Ah ! pour t'aimer, donne-moi mille cœurs
Mais c'est encor trop peu, Jésus, Beauté suprême
Donne-moi pour t'aimer ton divin Cœur Lui-Même
De mon désir brûlant
Seigneur, à chaque instant
Rappelle-toi (OC, 700).

Prière

Thérèse,
toi, l'amour au cœur de l'Église,
enfante-nous sans cesse au Dieu d'amour,
fais-nous découvrir notre vocation dans l'Église,
donne-nous la force d'y être fidèles.
Que l'amour soit le secret de nos vies !
Cet amour qui vient du Père, du Fils et de l'Esprit,
osons croire qu'il peut tout envahir,
alors nous pourrons tout faire par amour.

◆

Je ne lui dis rien, je l'aime

SŒUR MARIE DU SACRÉ-CŒUR est un peu déçue par le contenu du *Manuscrit B*. Elle t'avait demandé des éclaircissements sur ta petite voie et voilà que tu écris une sorte de lettre à Jésus où tu parles de martyre, de vocation à l'amour, de désirs infinis, jusqu'à t'écrier : « Au cœur de l'Église, je serai l'Amour. » Est-ce là la petite doctrine que ta sœur attendait, la petite voie qui rend la sainteté accessible à tous ?

Devant un tel embarras, tu as bien ajouté une introduction pour mieux te faire comprendre, mais il semble que ce n'était pas suffisant. Ta sœur est découragée d'emprunter une voie qui demande une telle soif du martyre. Elle se sent triste de ne pas posséder un amour comparable au tien et de ne pas aimer Jésus comme tu l'aimes. Heureuse déception qui nous vaut une autre lettre merveilleuse de ta part ! Écrite dans la soirée du 17 septembre 1896, elle représente une importante mise au point de ta doctrine ! En voici un large extrait :

> Comment pouvez-vous me demander s'il vous est possible d'aimer le Bon Dieu comme je l'aime ?... Mes désirs du martyre ne sont rien, ce ne sont pas eux qui me donnent la confiance illimitée que je sens en mon cœur... Comment pouvez-vous dire après cela que mes désirs sont la marque de mon amour ?... Ah ! je sens bien que ce n'est pas cela du tout qui plaît au Bon Dieu dans ma petite âme, ce qui lui plaît c'est de me voir aimer ma petitesse et ma pauvreté, c'est l'espérance aveugle que j'ai en sa miséricorde... Voilà mon seul trésor. Marraine chérie, pourquoi ce trésor ne serait-il pas le vôtre ?... Plus on est faible, sans désirs, ni vertus, plus on est propre aux opérations de cet Amour consumant et transformant... Le seul désir d'être

victime suffit, mais il faut consentir à rester pauvre et sans force... Oh ! que je voudrais pouvoir vous faire comprendre ce que je sens !... C'est la confiance et rien que la confiance qui doit nous conduire à l'Amour (OC, 552-553).

Allons-nous enfin comprendre ? Le véritable effort est de ne pas faire d'effort, la seule vertu à acquérir est de ne pas en avoir. Les désirs ne sont rien devant l'amour qui n'a que faire de nos mérites. La vraie grandeur se trouve dans l'acceptation de notre petitesse, la richesse est de reconnaître notre pauvreté, l'ultime force se trouve dans notre faiblesse, plus nous ne sommes rien, plus nous avons tout. Le seul trésor à garder est l'espérance aveugle en la miséricorde de Dieu.

Il n'y a ici aucune prétention, aucun héroïsme, aucune ambition, aucun labeur, il n'y a que Dieu, et ce qui lui appartient, l'amour, la paix, la joie et la célébration de notre bonheur. «Le mérite ne consiste pas à faire ni à donner beaucoup, mais plutôt à recevoir, à aimer beaucoup» (OC, 463).

Allons-nous tromper ce Dieu de l'Évangile que Jésus est venu nous révéler à travers des images bouleversantes d'enfant prodigue, de brebis perdue, de bon Samaritain ? Allons-nous entrer avec toi, petite Thérèse, dans la fête de la miséricorde divine ? Oserons-nous tout risquer sur ce Dieu qui est toujours du côté de l'humain ? Irons-nous nous réfugier dans ses bras en reconnaissant que tout est amour, surtout son pardon ?

Dieu est amour miséricordieux, donc totalement gratuit. Il veut que nous prenions le chemin le plus comblant, une petite voie qui mène à la joie parfaite. Pour ce faire, tu as bien montré que Dieu ne demande que l'abandon. La confiance seule nous conduit à l'amour, les bras tendus, les mains vides, le cœur ouvert, un amour crucifié qui sauve le monde.

Est-ce trop simple pour nous qui compliquons tout? Est-ce trop rébarbatif à notre orgueil habitué à maîtriser, à vaincre, à dominer? Et pourtant, il s'agit de se laisser aimer comme un enfant qui ne demande rien d'autre que l'amour et qui prend sa joie dans cet amour.

En se laissant aimer, on tend plus naturellement vers l'amour des autres qui est patience, compassion, tolérance, action de grâces. Tu écris, dans le *Manuscrit C*: «Ah! je comprends maintenant que la charité parfaite consiste à supporter les défauts des autres, à ne point s'étonner de leurs faiblesses, à s'édifier des plus petits actes de vertus qu'on leur voit pratiquer» (OC, 250).

Comment vivre la charité, alors que nous sommes si faibles et imparfaits? Justement, à cause de cela, c'est alors que Jésus aime en nous: «Jamais je ne pourrais aimer mes sœurs comme vous les aimez, si vous-même, ô mon Jésus, ne les aimiez encore en moi» (OC, 250). Ici, tout est renversé: «Oui je le sens lorsque je suis charitable, c'est Jésus seul qui agit en moi; plus je suis unie à Lui, plus aussi j'aime toutes mes sœurs» (OC, 251).

Pour mener le bon combat de l'amour, Jésus utilise trois armes en toi: le sourire qui tend des ponts, le silence devant les fausses accusations et la prière qui surmonte les obstacles. «Ah! c'est la prière, c'est le sacrifice qui font toute ma force, ce sont les armes invincibles que Jésus m'a données, elles peuvent bien plus que les paroles toucher les âmes, j'en ai fait souvent l'expérience» (OC, 267).

Quelques mois avant ta mort, tu t'exclames: «Qu'elle est donc grande la puissance de la prière» (OC, 268)! La prière pour toi, c'est ta vie. Tu pries dès ton plus jeune âge, faisant souvent oraison sans le savoir, en pensant simplement à Jésus avec amour.

Les temps d'oraisons silencieuses au carmel te sont pénibles, surtout par manque de sommeil. Mais tu te reprends toute la journée qui devient ainsi une longue oraison ininterrompue, une relation intime où tu écoutes Dieu qui te parle dans l'épaisse nuit de la foi, où tu lui demandes de t'attirer « dans les flammes de son amour » (OC, 284).

L'oraison est ce levier que cherchait Archimède pour soulever le monde, et le point d'appui, c'est Dieu lui-même. « Pour levier : l'oraison, qui embrase d'un feu d'amour, et c'est ainsi qu'ils ont soulevé le monde, c'est ainsi que les Saints encore militants le soulèvent et que jusqu'à la fin du monde les Saints à venir le soulèveront aussi » (OC, 284).

La prière au carmel s'exprime aussi à l'office divin plusieurs fois par jour. C'est là que tu écoutes la Parole de Dieu, que les psaumes s'imprègnent en toi, que tu communies à la grande prière de l'Église. La liturgie forme ton cœur. Elle est la grande école de ta vie intérieure, le lieu d'intégration de ta foi. « J'aime beaucoup les prières communes car Jésus a promis de se trouver au milieu de ceux qui s'assemblent en son nom, je sens alors que la ferveur de mes sœurs supplée à la mienne, mais toute seule (j'ai honte de l'avouer) la récitation du chapelet me coûte plus que de mettre un instrument de pénitence » (OC, 269). Le côté répétitif du chapelet convient mal à ton tempérament : « Je n'arrive pas à fixer mon esprit » (OC, 269).

Tu te méfies beaucoup des belles prières : « Cela me fait mal à la tête, il y en a tant… Je fais comme les enfants qui ne savent pas lire, je dis tout simplement au Bon Dieu ce que je veux lui dire, sans faire de belles phrases, et toujours Il me comprend » (OC, 268). Pourtant, tu as composé de belles prières, mais tu redoutes l'inflation verbale : « Les plus belles pensées ne sont rien sans les œuvres» (OC, 260). Ce qui jaillit de ta plume est toujours marqué par la simplicité de l'amour et l'authenticité du cœur qui pallient les limites du langage.

Mais qu'est-ce que la prière pour toi? «Pour moi la prière, c'est un élan du cœur, c'est un simple regard jeté vers le Ciel, c'est un cri de reconnaissance et d'amour au sein de l'épreuve comme au sein de la joie; enfin c'est quelque chose de grand, de surnaturel qui me dilate l'âme et m'unit à Jésus» (OC, 268).

Toute une vie d'union pour en arriver à cet élan, ce simple regard, ce cri, cette prière contemplative, cette prière de vie qui te dilate l'âme. C'est vraiment Jésus qui prie en toi par son Esprit: «Depuis longtemps je ne m'appartiens plus, je suis livrée totalement à Jésus, Il est donc libre de faire de moi ce qu'il lui plaira» (OC, 248).

Tu ne mènes pas une vie de prière, ta prière est vie. Il n'y a aucun moment où tu ne te sais pas aimée de Dieu, aucun lieu qui ne soit vide de Dieu, aucun endroit où son regard n'est pas posé sur toi. Qu'importe si tu ne sens pas toujours sa présence amoureuse, tu sais qu'il t'aime, tu le sais parce que tu crois.

Tout est prière en toi: la foi (le cri), l'espérance (l'élan), l'amour (le simple regard). Et si la nuit est trop noire, il y a la prière que Jésus nous a enseignée: «Quelquefois lorsque mon esprit est dans une si grande sécheresse qu'il m'est impossible d'en tirer une pensée pour m'unir au Bon Dieu, je récite très lentement un ‹Notre Père› et puis la salutation angélique» (OC, 269).

Ta prière est demande, louange, action de grâces, à l'image de ta vie. Plus tu te sens pauvre et petite, plus tu oses tout demander à Dieu, plus tu reçois de son cœur de Père des grâces réservées à ceux qui ne sont rien et qui n'ont rien. Ta prière de vie est une contemplation qui féconde l'action, un accueil inconditionnel. L'absolu de cet amour manifeste la part divine qu'il y a en chacun de nous.

Dans le feu de ta prière, ce n'est plus l'image d'un Dieu pervers qui nous dévisage, mais le visage du Ressuscité qui envisage l'avenir avec nous. Tu joues ta vie sur cette prière envers un Dieu-Père qui prend sa joie en nous, ses fils et ses filles.

Lorsque tu étais alitée à l'infirmerie, sœur Geneviève, ta Céline, se levait parfois la nuit pour voir si tu ne manquais de rien. Dans la nuit du 2 septembre 1897, presque un mois avant ta mort, elle te trouve les mains jointes et les yeux levés au Ciel. Elle s'inquiète et te suggère de dormir. Et toi de répondre : « Je ne puis pas, je souffre trop, alors je prie » (OC, 1162). Céline te demande ce que tu dis à Jésus. Ta réponse toute simple nous livre l'ultime secret de ta prière : « Je ne lui dis rien, je l'aime » (OC, 1162). Comme ta vie, ta prière est silence d'amour.

Prière

Thérèse,
toi dont la vie ne fut que prière et amour,
apprends-nous à prier sans cesse,
à demander, à louer, à remercier, à bénir, à pleurer,
à nous réfugier dans les bras du Dieu fait homme,
à respirer dans le silence le nom sacré de Jésus.
Fais-nous comprendre qu'aimer c'est prier,
puisque nous sommes aimés de Dieu,
qu'il nous connaît chacun par notre nom,
que son regard n'attend que le nôtre,
pour un face-à-face d'amour éternel.

◆

Je veux passer mon Ciel à faire du bien sur la terre

L E 8 FÉVRIER 1897, tu écris une récréation pieuse sur saint Stanislas Kostka, novice jésuite mort à dix-huit ans. Personne ne se doute que c'est ta dernière pièce. Cette récréation nous révèle ton état d'âme, alors que tu es sur le point d'être malade, une grande question qui désormais hante ton esprit et que pose Stanislas Kostka à la Vierge Marie :

> Je ne regrette rien sur la terre, et cependant j'ai un désir... un désir si grand que je ne saurais être heureux dans le Ciel s'il n'est pas réalisé... Ah ! ma Mère chérie, dites-moi que les bienheureux peuvent encore travailler au salut des âmes... Si je ne puis travailler dans le paradis pour la gloire de Jésus, je préfère rester dans l'exil et combattre encore pour Lui... Permettez-moi de revenir sur la terre, afin de protéger des âmes saintes, des âmes dont la longue carrière ici-bas complétera la mienne (OC, 944-945).

Tu ne t'arrêteras donc jamais. Quel est cet amour qui te presse à travailler sans cesse pour notre salut, sans rechercher ton intérêt ? Jusqu'où va l'amour ? Pour toi, il n'y a pas d'amour au-delà de l'amour miséricordieux. Cet amour ne te laisse aucun repos. Aimer, c'est agir. Tu es tellement identifiée à Dieu – « Je serai l'Amour » – qu'à son exemple tu veux être présente à ceux qui te sont confiés, comme l'abbé Bellière :

> Le bon Dieu m'a toujours traitée en enfant gâtée, il est vrai que sa croix m'a suivie dès le berceau mais cette croix, Jésus me l'a fait aimer avec passion, Il m'a toujours fait désirer ce qu'Il voulait me donner. Commencera-t-Il donc au Ciel à ne plus combler mes désirs ?

Vraiment je ne puis le croire et je vous dis : « Bientôt, petit frère, je serai près de vous (OC, 608).

Le 13 juillet 1897, tu dis à mère Agnès : « Il faudra que le bon Dieu fasse toutes mes volontés au Ciel, parce que je n'ai jamais fait ma volonté sur la terre » (OC, 1039). Mère Agnès te dit alors que tu nous regarderas du haut du Ciel, et toi d'ajouter : « Non, je descendrai » (OC, 1039). Le lendemain, tu écris à ton deuxième frère spirituel, l'abbé Roulland : « Je compte bien ne pas rester inactive au Ciel, mon désir est de travailler encore pour l'Église et les âmes, je le demande au bon Dieu et je suis certaine qu'il m'exaucera » (OC, 609).

Le 17 juillet, après avoir craché du sang pendant la nuit, tu fais à mère Agnès cette révélation qu'elle note scrupuleusement dans son carnet jaune :

Je sens que je vais entrer dans le repos... Mais je sens surtout que ma mission va commencer, ma mission de faire aimer le bon Dieu comme je l'aime, de donner ma petite voie aux âmes. Si le bon Dieu exauce mes désirs, mon Ciel se passera sur la terre jusqu'à la fin du monde. Oui, je veux passer mon Ciel à faire du bien sur la terre. Ce n'est pas impossible, puisqu'au [sic] sein même de la vision béatifique, les Anges veillent sur nous. Je ne puis pas me faire une fête de jouir, je ne peux pas me reposer tant qu'il y aura des âmes à sauver (OC, 1050).

La mort ne peut donc pas réduire cet espace de relation qu'il y a entre toi et nous. Jamais tu ne couperas les liens avec ceux qui t'aiment. Jouissant de la vision béatifique, tu nous accompagneras mieux, à la manière d'un ange gardien, en nous aidant à nous laisser aimer par l'amour miséricordieux, à nous laisser embraser dans sa flamme pour que nous devenions ce que nous sommes, des créatures nouvelles en Jésus ressuscité. Cette parole – « Je veux passer mon Ciel à faire du bien sur la terre » – est si caractéristique de ton désir que mère Agnès la gravera comme épitaphe sur ta tombe.

À la fin du carême, tu tombes gravement malade. Mère Agnès commence à noter tes paroles pour sa consolation personnelle. C'est le début des célèbres *Novissima Verba,* les derniers entretiens. Le soir du dimanche 30 mai, tu lui apprends que l'an dernier tu as craché du sang. Bouleversée, elle se doute que tu vas mourir. Les signes de la tuberculose ne trompent pas : épuisement, fièvre, étourdissement, forte douleur dans la poitrine, absence totale d'appétit. Tu es déchargée de tout emploi, de l'office et du soin des novices.

Le 2 juin, mère Agnès suggère à la prieure mère de Gonzague de te donner la permission d'écrire la suite de ton autobiographie. Malade, épuisée, constamment dérangée par les sœurs, tu écris péniblement en juin le *Manuscrit C,* où tu confies à ta prieure la découverte de la petite voie, de l'ascenseur, de ta nuit, de tes doutes sur l'existence du Ciel, des bienfaits de la charité fraternelle et de ton travail auprès des novices. Le 11 juin, tu dis simplement : «Pour écrire ma ‹petite› vie, je ne me casse pas la tête ; c'est comme si je pêchais à la ligne ; j'écris ce qui vient au bout» (OC, 1015). Tu rédiges d'un premier jet et sans ratures.

Le soir du 5 juin, mère Agnès commence son office de garde-malade. À partir de ton transfert à l'infirmerie, le 8 juillet, elle s'installe à ton chevet, notant tes paroles, tes gestes et l'évolution implacable de la maladie. Tu retrouves donc ta «maman», mais tu ne te laisses pas aller à une régression infantile. Au contraire, tu vis cela avec un grand détachement, d'autant plus que mère Agnès et d'autres sœurs te questionnent un peu trop souvent à ton goût : «On me harcèle de questions, cela me fait penser à Jeanne d'Arc devant son tribunal! Il me semble que je réponds avec la même sincérité» (OC, 1053).

Comme elle est fausse, cette image si répandue d'une jeune poitrinaire souriante qui meurt en effeuillant des roses sur un crucifix! La terrible réalité dépasse ce romantisme. Tu souffres à en crier, sans morphine pour te soulager. Tu ne respires qu'avec un demi-poumon et la gangrène s'est mise dans tes intestins. L'extrême souffrance physique te fait connaître la tentation du suicide: «Si je n'avais pas eu la foi, je me serais donné la mort sans hésiter un seul instant» (OC, 1133).

Le 30 septembre, quelques heures avant ta mort, tu murmures: «Jamais je n'aurais cru qu'il était possible de tant souffrir! jamais! jamais! Je ne puis m'expliquer cela que par les désirs ardents que j'ai eus de sauver des âmes» (OC, 1144).

Il ne faut pas oublier que tu vis toujours dans la nuit du néant, cette terrible épreuve où la pensée du Ciel est «un sujet de combat et de tourment» (OC, 241). Tu es attaquée dans ton corps et dans ton âme. Ton désir d'être une grande sainte s'est estompé devant le réalisme de la petite voie, l'abandon de l'enfant en la miséricorde d'un Dieu-Père: «Non, je ne suis pas une sainte; je n'ai jamais fait les actions des saints. Je suis une toute petite âme que le bon Dieu a comblée de grâces, voilà ce que je suis. Ce que je dis c'est la vérité, vous le verrez au Ciel» (OC, 1086).

Tu t'abandonnes en ce Dieu qui semble absent et silencieux. Ta liberté, nue et vulnérable comme celle de Jésus à Gethsémani, est le plus beau don que tu puisses faire. Ton corps uni à celui du Crucifié devient parole d'amour, peut-être la plus belle de ta vie, parce que la plus dépouillée, la plus libre, la plus abandonnée, à l'exemple de Job, qui a tout perdu: «Cette parole de Job: ‹Quand même Dieu me tuerait j'espérerais en lui›, m'a ravie dès mon enfance. Mais j'ai été longtemps avant de m'établir à ce degré d'abandon. Maintenant j'y suis; le bon Dieu m'y a mise, il m'a prise dans ses bras et m'a posée là» (OC, 1027).

J'entends aussi cette parole de Job. Elle retentit dans les chambres à gaz d'Auschwitz et dans tous les charniers de ce siècle finissant. J'entends le mutisme de Dieu devant notre liberté crucifiée. J'entends la détresse de Dieu et la nôtre. Pourquoi le mal? Mais j'entends aussi ton espérance, Thérèse, lorsque tu t'abaisses dans ton néant, sans y sombrer, pour t'envoler plus haut, en ce Dieu qui transforme ce néant en feu. J'entends ton cœur qui écoute ce que Dieu dit en son silence, et ce cri de Job, le tien, le nôtre. «Quand même Dieu me tuerait j'espérerais en lui.»

Jésus n'a pas expliqué le scandale du mal et de la souffrance. Il a souffert comme nous et souffre maintenant avec nous, tout en respectant notre liberté. Il ouvre notre être à une relation d'enfant avec Dieu, notre Père. Le Dieu fait homme libère notre désir en le donnant au Père. Il sait que sa souffrance est supportée par son Père, parce que tout ce qui fait souffrir l'homme fait d'abord souffrir Dieu. Jésus a tout souffert le mal qui émane de nous, de Gethsémani au calvaire.

À la suite de Jésus, tu es venue du carmel nous montrer que Dieu est amoureux de l'être humain créé à son image et à sa ressemblance. Ta vie est une preuve éclatante de l'existence d'un Dieu amour, malgré la folie meurtrière des humains. Elle nous crie qu'il faut consentir au silence et à la nuit, qu'il faut veiller dans la foi et voir en la souffrance le lieu d'une visite possible de Dieu.

Lui seul peut nous rejoindre au cœur de notre solitude. Lui seul peut partager notre angoisse de vivre et de mourir, car lui seul nous accepte et nous aime tel que nous sommes, nous permettant ainsi d'être pleinement libres. Dans la rumeur du sang répandu de ce siècle, ta vie est un passage de Dieu où fleurit ce qu'il y a de plus beau en Dieu et en nous, l'amour désarmé et désarmant.

Le 7 juin, sœur Geneviève t'a photographiée à genoux. Elle recommence la photo plusieurs fois, même si tu es épuisée. On pressent ton calvaire. Tu tiens en main les deux images de ton bréviaire qui révèlent ton nom et ta vocation : l'Enfant-Jésus et la Sainte-Face. Ton visage est tendu, mais énergique. La souffrance fait son œuvre de spiritualisation, de transformation. On dirait que tu as vieilli de trente ans depuis la photo de l'an dernier où tu tenais à la main une parole de Thérèse d'Avila. Le jour de la délivrance est proche.

Prière

Thérèse,
toi qui passes ton Ciel à faire du bien sur la terre,
soutiens toutes les personnes qui souffrent,
soulage-les dans leur âme et dans leur corps,
qu'elles reconnaissent ta présence bienveillante,
que ton amour les ouvre à la miséricorde du Père,
que ton regard les éveille à la beauté du Fils,
que ton sourire les fasse naître à la vie de l'Esprit,
que ta main les conduise à la Pâque de l'Église,
pour ta joie, la nôtre et celle de Dieu.

♦

Je ne meurs pas,
j'entre dans la vie

CETTE PAROLE ÉCRITE À L'ABBÉ BELLIÈRE le 9 juin m'aide à comprendre le grand mystère qui m'habite. « Je ne meurs pas, j'entre dans la vie » (OC, 601). Notre Dieu est le Dieu de la vie, de la résurrection. À la mort, nous entrons dans la vie. Cette parole m'ensemence pour la vie avec toi auprès du Père, celle qui ne passe pas. Ne suis-je pas choisi comme tu l'es par le Dieu de notre baptême pour un face-à-face éternel !

Tu ne rêves pas ta mort, tu la souffres dans l'espace restreint d'une chambre d'infirmerie. Parfois, tout te semble contradictoire, les sœurs, Dieu, toi-même. La mort arrive, puis un sursaut de ton corps en retarde la venue. Tu écris quelques lettres, dont plusieurs à l'abbé Bellière pour bien lui enseigner « la voie de la confiance simple et amoureuse » (OC, 619). Ta dernière lettre du 25 août lui est adressée : « Je ne puis craindre un Dieu qui s'est fait pour moi si petit... je l'aime ! car Il n'est qu'amour et miséricorde » (OC, 624).

Le mois de septembre est marqué par un grand silence. Tu es trop faible pour écrire et pour parler. Le feu de la souffrance opère une mutation qui te prépare pour la gloire finale. À l'instar de Jeanne d'Arc, tu l'avais pressentie, cette gloire : « Vous le savez, ô mon Dieu, je n'ai jamais désiré que vous aimer, je n'ambitionne pas d'autre gloire » (OC, 282). Ta manière de prouver cet amour aura toujours été de souffrir avec Jésus et pour Jésus, ton Ciel ici-bas. Aussi grand est ton amour, aussi grande est ta souffrance. Ce fut aussi le chemin de Jésus. Le crucifix que tu tiens constamment dans tes mains te le rappelle.

Le Christ a souffert tes souffrances, comme il souffre les nôtres, maintenant. Ta souffrance lui appartient, il l'a déjà portée au jardin des Oliviers. Tu n'es vraiment toi-même qu'en te perdant en lui. Tu participes à sa Passion dans l'attente toujours renouvelée de ta résurrection, d'un avenir qui tarde à s'ouvrir et qui te fait crier de douleur, même si tu gardes ton habituel sens de l'humour auprès des sœurs qui te visitent. L'abandon demeure ta grande force, puisque tout est grâce.

> Si vous me trouviez morte un matin, n'ayez pas de peine : c'est que Papa le bon Dieu serait venu tout simplement me chercher. Sans doute, c'est une grande grâce de recevoir les Sacrements, mais quand le bon Dieu ne le permet pas, c'est bien quand même, tout est grâce (OC, 1009).

Seule dans la nuit de la foi, tu meurs un peu plus chaque jour. La souffrance te tue : tes mains ne bougent plus, tes pieds enflent, on ne peut plus te toucher. N'avais-tu pas écrit : « Je vois que la souffrance seule peut enfanter les âmes » (OC, 206) ! Tu demandes qu'on ne laisse pas à ta portée les médicaments pour ne pas te donner la mort à ton insu.

Tu suis Jésus dans sa triste agonie avant de porter beaucoup de fruit : « En vérité, en vérité, je vous le dis, si le grain de blé tombé en terre ne meurt pas, il demeure seul ; mais s'il meurt, il porte beaucoup de fruit » (Jn 12,24).

La veille de ta mort, alors que tu ne peux plus respirer et qu'un râle remplit la chambre, tu dis à mère Agnès : « Ma Mère, est-ce l'agonie ?... Comment vais-je faire pour mourir ? Jamais je ne vais savoir mourir » (OC, 1139).

La voie purificatrice de l'agonie te conduit au don total. Tu répètes avec Jésus, qui a remis au Père tous nos souffles avec le sien, l'ultime prière des chrétiens : «Père, je remets mon esprit entre tes mains. »

Qu'il est difficile, le métier d'humain ! Comme tu as hâte de sortir du temps pour entrer dans l'état céleste. Le calice est maintenant plein. Tu as assez brûlé pour Dieu. Tu es prête pour l'extase définitive. L'instant est à l'ivresse, malgré l'agonie de ce 30 septembre et cette plainte lancée à mère Agnès : «Si vous saviez ce que c'est que d'étouffer » (OC, 1143).

Quelques heures plus tard, tu lui fais cet ultime aveu : «Il me semble que je n'ai jamais cherché que la vérité ; oui, j'ai compris l'humilité du cœur... Il me semble que je suis humble... Et je ne me repens pas de m'être livrée à l'Amour. Oh ! non, je ne m'en repens pas, au contraire » (OC, 1144).

Le temps des récoltes est arrivé, les fruits sont mûrs en cet automne 1897. Tu donnes ce que tu as reçu, au-delà de tes attentes. Tu t'ouvres à l'inutilité de tes efforts et tu récoltes la moisson que le Père a engrangée pour toi. Tu connais l'amour, tu choisis tout, une fois de plus. Du bord de la mort, tu bascules dans l'amour miséricordieux du Père.

Vers cinq heures, ton visage change. C'est la dernière agonie. Dieu va t'accoucher à la vie. Tu vas naître enfin à son printemps. Ton voyage s'achève. La communauté entre dans l'infirmerie, tu accueilles toutes les sœurs avec le sourire. Tu trembles de tous tes membres. Une sueur perle sur ton front. Tu respires de plus en plus difficilement.

À l'extérieur, un ramage de rouges-gorges se mêle à ta plainte. Tu entends une autre musique qui n'est plus d'ici et qui t'invite à la fête, la tienne. Quelqu'un t'attend depuis si longtemps. Va !

À six heures, quand l'Angélus sonne, tu contemples longuement la statue de la Sainte Vierge. Vers sept heures et vingt, tu regardes ton crucifix en prononçant ces dernières paroles : « Oh ! je l'aime ! Mon Dieu… je vous aime » (OC, 1145). Puis, tu tombes doucement en arrière, la tête penchée à droite. Tu meurs d'amour comme tu as vécu, totalement livrée à Dieu, t'abandonnant à sa miséricorde qui a toujours été plus forte que tes faiblesses. Alléluia ! Aujourd'hui, l'éternité !

Tes yeux se ferment pour mieux s'ouvrir à l'intensité de la lumière divine qui éclaire ton visage intérieur. Libre, tu repars les mains vides. Tu rejoins cette autre enfance qui ne vieillit jamais, celle qui a le pouvoir de se renouveler toujours. Le Dieu d'amour t'accueille dans la joie. Et sur ton visage radieux, tes sœurs peuvent deviner la Présence d'amour, comme si tu leur disais : « Je ne meurs pas, j'entre dans la vie » (OC, 601).

Mère Agnès note cette extase où tu passes enfin du temps à l'éternité, de la croix à la résurrection.

> Les sœurs eurent le temps de s'agenouiller autour du lit et furent témoin [sic] de l'extase de la sainte petite mourante. Son visage avait repris le teint de lys qu'il avait en pleine santé, ses yeux étaient fixés en haut brillants de paix et de joie. Elle faisait certains beaux mouvements de tête, comme si Quelqu'un l'eût divinement blessée d'une flèche d'amour, puis retiré la flèche pour la blesser encore…

> Sr Marie de l'Eucharistie s'approcha avec un flambeau pour voir de plus près son sublime regard. À la lumière de ce flambeau, il ne parut aucun mouvement de ses paupières. Cette extase dura à peu près l'espace d'un Credo, et elle rendit le dernier soupir.

Après sa mort, elle conserva un céleste sourire. Elle était d'une beauté ravissante. Elle tenait si fort son Crucifix qu'il fallut l'arracher de ses mains pour l'ensevelir. Sr Marie du Sacré-Cœur et moi nous avons rempli cet office avec Sr Aimée de Jésus et remarqué alors qu'elle ne portait pas plus de 12 à 13 ans. Ses membres restèrent souples jusqu'à son inhumation, le lundi 4 octobre 1897 (OC, 1145-1146).

Une photo prise à l'infirmerie le 1er octobre 1897 témoigne de cette « beauté ravissante » qui est celle des élus. Tu sembles dormir en paix après un long voyage. Tu es rentrée chez toi, dans la maison du Père, heureuse de voir enfin l'Amour en personne, « ce que l'œil n'a pas vu, ce que l'oreille n'a pas entendu, ce qui n'est pas monté au cœur de l'homme, tout ce que Dieu a préparé pour ceux qui l'aiment » (1 Co 2,9).

C'est sur cette photo de ton visage ravi par l'amour que je veux terminer ce trajet où tu m'as accompagné en toute amitié et liberté. On ne sort pas indemne d'une telle familiarité avec toi. À trop te côtoyer on finit par se brûler. Ton amour me foudroie plus que jamais. L'histoire te donne raison, l'amour ne meurt pas.

Je contemple ton visage qui dit enfin ce que tu es, ce que tu crois, ce que tu sais, ce que tu vois de l'amour. Je dis oui à cet amour qui a traversé toute ta vie et qui est plus fort que la mort. Certes, je suis bien loin de l'amour reçu. Mais n'est-ce pas le début de la petite voie, reconnaître au moins cela, cette impuissance à aimer !

Ce qu'il y a de merveilleux avec toi, c'est qu'on peut toujours se relever et repartir, aussi loin que l'on soit allé dans le désespoir. Tu es la sainte des recommencements qui brise le cercle de la peur et de la honte. Mangeant toujours à la table des pécheurs, tu nous aides à ne pas nous décourager « d'arriver au sommet de la montagne de l'amour, puisque Jésus ne demande pas de grandes actions, mais seulement l'abandon et la reconnaissance » (OC, 220).

Et puis, ne sommes-nous pas comme toi illuminés du même Esprit Saint dans cette histoire sacrée qu'est la vie humaine ! Ne sommes-nous pas comme toi follement aimés de Dieu, rêvés par lui de toute éternité pour que nous soyons glorifiés dans son amour !

Que jamais nous te fassions l'injure de te croire inaccessible ou trop parfaite ! Penser cela, c'est désespérer de la miséricorde de Dieu et céder à la tentation de se croire trop pécheur ! Personne n'est exclu du pardon de l'amour, exploiteurs ou opprimés, riches ou pauvres, aussi bas qu'ils soient tombés.

Tu écrivais que si Jésus trouvait «une âme plus faible, plus petite que la [tienne]» (OC, 232), il se plairait à la combler de faveurs plus grandes encore, pourvu qu'elle s'abandonne avec une entière confiance à sa miséricorde infinie. Voilà! Le défi est lancé. Oserons-nous tout risquer sur cet amour?

Ta vie est une belle page d'Évangile. Aide-nous maintenant à écrire la nôtre! Que nous y lisions l'éternité de nos noms, à côté du tien, toi, l'amour dans l'Amour!

Prière

Thérèse,
tu es notre sœur et notre amie,
fais que nous ne l'oubliions jamais,
surtout à l'heure de notre mort,
où tu nous aideras avec Marie
à entrer dans la vie éternelle.
Merci de libérer en nous l'amour.
Merci de nous ouvrir au jour du Père.
Nous lui offrons nos vies et nos morts,
pour qu'elles soient consumées en Jésus,
le Vivant qui nous prépare une place
parmi ses anges et ses saints.

◆

♦ Récolte d'automne du carmel ♦

Trinité carmélitaine

Mère Thérèse de Jésus

♦

Frère Jean de la Croix

♦

Sœur Thérèse de l'Enfant-Jésus

Mère Thérèse de Jésus, 15 octobre (1515-1582)

Mon château intérieur aux sept demeures
est l'espace où la Trinité m'attend.
L'oraison pousse la porte du seuil,
me guidant au chemin de perfection.
Qui m'ôterait la paix quand Dieu la donne !
Dieu seul me suffit.

Voyez de quel grand amour le Père m'aime !
Il m'ouvre les profondeurs de son cœur.
Il me plonge dans le sang de son Fils.
Il m'abreuve à la source de l'Esprit.
Je lui appartiens, j'ai l'amour, j'ai tout.
Dieu seul me suffit.

En Jésus, je suis fille de l'Église.
Lui ne change pas quand le monde passe.
Il est Lumière où son corps me dit Dieu.
Par mon Roi, je meurs de ne pas mourir.
J'ai soif de vivre seule avec le Seul.
Dieu seul me suffit.

Je suis prise au piège de l'Esprit Saint.
Il me tient captive au profond de l'âme
pour y célébrer les noces mystiques.
Vive flamme qui blesse avec tendresse,
m'entraînant au cœur du cœur où Dieu est.
Dieu seul me suffit.

Frère Jean de la Croix, 14 décembre (1542-1591)

Jean de la Croix fonce dans la nuit,
ne sachant rien sinon la foi nue,
de son corps de proue il n'a de cesse
qu'au repos de la prière en Christ.

Caché dans le secret de sa Face,
il attend, au plus noir d'un cachot,
celui que le poids du cœur entraîne,
touchant la présence dans l'absence.

Mort au monde pour vivre en Dieu seul,
il voit jaillir les feux de l'aurore
qui transcendent toute science humaine,
nulle autre voie que celle de la Croix.

Il sent la vive flamme d'amour
déchirant le voile de la foi,
alors de son cœur monte un cantique
célébrant le don de Dieu à l'homme.

La lumière en son cœur le guide
de nuit mieux que celle de midi,
par l'escalier secret il s'en va
au milieu des lys du Bien-Aimé.

Le mal d'amour lui fait désirer
l'Époux au cellier le plus secret
pour vivre là où est la vraie vie,
y dégustant le vin de l'union.

Rossignol du carmel au ton juste,
il va plus avant dans les forêts,
boire à la fontaine cristalline
qui lui renvoie l'image du Père.

Bien que de nuit il connaît la Source
dont la clarté ne s'obscurcit pas,
Source cachée dans le Pain vivant
où terre et cieux s'abreuvent à son eau.

Poète de lumière infinie,
ses mots nous parlent encore aujourd'hui,
on y entend le feu de son sang
écrivant la brûlure d'amour.

Ses poèmes ne chantent qu'un mot
qu'il dit toujours sans le répéter.
Il plonge dans le rien pour le tout,
ce je-ne-sais-quoi qu'il nomme amour.

Il creuse en sa mémoire un abîme
pour que son esprit s'envole au loin,
rejoignant le Cerf sur le sommet
qui donne sa grâce et sa beauté.

Ô silence unitif du regard !
Musique de l'union transformante,
si loin des cavernes du sensible,
pour un face-à-face anticipé.

Sœur Thérèse de l'Enfant-Jésus, 1er octobre (1873-1897)

Au commencement de l'ère atomique,
où les voix crièrent que Dieu est mort,
voici qu'il fut donné à notre orgueil
une jeune fille au désir de feu,
ne comptant que sur toi seul, Père saint.

Pour manger à la table des pécheurs
et boire à la coupe des incroyants,
la ravie s'avance dans la foi nue,
les mains vides et poursuivant l'essentiel
dans l'abandon en Toi jusqu'à l'audace.

Crucifiée au désert du « tout est grâce »,
oubliant ses faiblesses en ta bonté,
elle donne sa vie pour les missionnaires,
offrant sa petitesse en holocauste,
et son néant en ta miséricorde.

N'ayant que l'Amour comme vocation,
trouvant ainsi sa place dans l'Église,
elle gravit seule le carmel des pauvres,
regardant au sommet le Christ en croix,
obtenant de lui ce qu'elle espérait.

Au soir tombant, elle vole vers l'Époux,
pour se perdre enfin dans la Trinité.
Aujourd'hui Thérèse passe son Ciel
à nous faire du bien sur la terre.
Avec elle, nous te louons, Père saint.

Du même auteur

Poésie

L'Oraison des saisons. Trois-Rivières, Éditions du Bien Public, 1978.

Dégel en noir et blanc. Trois-Rivières, Éditions du Bien Public, 1978.

À la rencontre de mai. Trois-Rivières, Éditions du Bien Public, 1979.

Les Heures en feu. Montréal/Paris, Éditions Paulines / Apostolat des éditions, 1981.

Au clair de l'œil (Prix Marcel-Panneton 1984). Trois-Rivières, Écrits des Forges, 1985.

Icônes du Royaume. Montréal/Paris, Éditions du Levain, 1989.

La Joie blessée. Trois-Rivières, Écrits des Forges, 1992.

Les Lieux du cœur. Montréal, Éditions du Noroît, 1993.

Consentir au désir. Trois-Rivières, Écrits des Forges, 1994.

Marcheur d'une autre saison. Montréal / Chaillé-sous-les-Ormeaux, Éditions du Noroît / Le Dé bleu, 1995.

Essais

Patrice de La Tour du Pin, quêteur du Dieu de joie. Paris/Montréal, Médiaspaul / Éditions Paulines, 1987.

La Théopoésie de Patrice de La Tour du Pin. Coll. Recherches / Nouvelle série — 19, Montréal/Paris, Bellarmin/Cerf, 1989.

Au cœur de la vie. Méditations sur l'espérance. Montréal/Paris, Éditions du · Levain, 1989.

Les Mots de l'Autre. Paris/Montréal, Médiaspaul / Éditions Paulines, 1993.

Que cherchez-vous au soir tombant ? Les hymnes de Patrice de La Tour du Pin. Paris/Montréal, Cerf/Médiaspaul, 1995.

Les Défis du jeune couple (traduit en espagnol, en italien, en néerlandais et en portugais). 3e éd., Paris, Éditions Le Sarment-Fayard, 1996.

Table des matières

Prières

Photos

MARQUIS

ACHEVÉ D'IMPRIMER
EN MARS 1997
SUR LES PRESSES DE L'IMPRIMERIE D'ÉDITION MARQUIS
MONTMAGNY (QUÉBEC)